A CHAVE DE SALOMÃO

A CHAVE DE SALOMÃO

Como os Antigos Segredos dos Cavaleiros Templários
e da Francomaçonaria Afetam o Mundo Moderno

Lon Milo DuQuette

Tradução:

Carlos Augusto L. Salum
Ana Lucia da Rocha Franco

Editora
Pensamento
SÃO PAULO

Título original: *The Key to Solomon's Key.*

Copyright © 2006 Lon Milo DuQuette.

Originalmente publicado em inglês pela Consortium of Collective Consciousness™.

Publicado mediante acordo com Consortium of Collective Consciousness™.

Copyright da edição brasileira © 2009 Editora Pensamento-Cultrix Ltda.

1ª edição 2009.

10ª reimpressão 2024.

Todos os direitos reservados. Nenhuma parte deste livro pode ser reproduzida ou usada de qualquer forma ou por qualquer meio, eletrônico ou mecânico, inclusive fotocópias, gravações ou sistema de armazenamento em banco de dados, sem permissão por escrito, exceto nos casos de trechos curtos citados em resenhas críticas ou artigos de revistas.

A Editora Pensamento não se responsabiliza por eventuais mudanças ocorridas nos endereços convencionais ou eletrônicos citados neste livro.

Dados Internacionais de Catalogação na Publicação (CIP)
(Câmara Brasileira do Livro, SP, Brasil)

DuQuette, Lon Milo
   A chave de Salomão : como os antigos segredos dos cavaleiros templários e da francomaçonaria afetam o mundo moderno / Lon Milo DuQuette ; tradução Carlos Augusto L. Salum, Ana Lucia da Rocha Franco. — São Paulo: Pensamento, 2008.

   Título original: The key to Salomon's key.
   Bibliografia
   ISBN 978-85-315-1527-9

   1. Brown, Dan, 1964 - A chave de Salomão 2. Maçonaria – História 3. Magia 4. Metafísica 5. Salomão, Rei de Israel 6. Segredos – Aspectos psicológicos I. Título.

08-00718   CDD-366.109

Índices para catálogo sistemático:
1. Maçonaria : Sociedades secretas : História   366.109

Direitos de tradução para o Brasil
adquiridos com exclusividade pela
EDITORA PENSAMENTO-CULTRIX LTDA.
Rua Dr. Mário Vicente, 368 — 04270-000 — São Paulo, SP
Fone: (11) 2066-9000
E-mail: atendimento@editorapensamento.com.br
http://www.editorapensamento.com.br
que se reserva a propriedade literária desta tradução.
Foi feito o depósito legal.

Sumário

Nota do autor 6
Agradecimentos 7
Introdução de James Wasserman 8

PARTE UM – O SEGREDO DE SALOMÃO

Prólogo *Kryptos* 12
Capítulo 1.   Eu confesso, sou um francomaçom 17
Capítulo 2.   Eu confesso, sou um mago 21
Capítulo 3.   Salomão o Rei 25
Capítulo 4.   Salomão o Mago 28
Capítulo 5.   Uma sociedade secreta de meninos 31
Capítulo 6.   Os Cavaleiros Templários 36
Capítulo 7.   O segredo dos Templários? 44
Capítulo 8.   O segredo mais perigoso do mundo 49
Capítulo 9.   Mas os maçons amam a Bíblia 52
Capítulo 10. O crucifixo 66
Capítulo 11. Feitiçaria 72
Capítulo 12. Iniciação 78
Capítulo 13. Os sete segredos de Salomão 82

PARTE DOIS – A MAGIA DE SALOMÃO

Introdução   Elementos da invocação de espíritos 94
             Excertos da Chave Menor de Salomão 108
Bibliografia 157

Nota do autor

Embora tenha muito orgulho de ser membro da fraternidade maçônica e membro ativo de várias sociedades secretas, não estou agindo como porta-voz de nenhuma organização. Os pensamentos, opiniões e conclusões que esboço neste livro são inteiramente meus e não foram sancionados, apoiados ou endossados por nenhuma organização.

– Lon Milo DuQuette

Agradecimentos

O autor deseja agradecer às seguintes pessoas, cuja assistência, influência ou inspiração tornaram possível este livro:

Hymenaeus Beta, Frater Superior da Ordo Templi Orientis; James Wasserman; Jody e Taylor Breedlove; Brenda Knight; Brad Olsen; Chance Gardner; Vanese McNeill; Poke Runyon; Nathan Sanders; Rick Potter; Constance e Jean-Paul DuQuette; I. Z. Gilford; Ronald Lincoln McKim; Jay McCarthy; Mark Shoemaker; Michael Strader; Sidney Woolf; os membros da *Monday Night Magick Class* e, mais especificamente, a Thomas L. Thompson, professor de Antigo Testamento na Universidade de Copenhagen.

Introdução

O irmão Lon DuQuette será o nosso guia numa visita à Capela Perigosa. Ele me pediu para dar o seguinte aviso: "Atenção, todos os leitores, apertem o cinto."

Muitos dos conceitos e questões a que vocês logo serão expostos podem ser totalmente novos. Alguns podem ameaçar as suas mais arraigadas crenças e condicionamentos de infância. Pedimos apenas que venham com a mente aberta e disposição para continuar a própria pesquisa quando emergirem destas páginas.

Lon estabelece a meta no começo. Seremos convidados a nos tornar "um parceiro importante, um sócio júnior de Deus no grande plano da criação". Nossos companheiros serão luminares como Moisés, o grande Cabalista; Rei Davi, poeta e heroico matador de Golias; Salomão, filho de Davi e o maior Mago de todos os tempos; Hiram Abiff, o mestre construtor assassinado; Jacques DeMolay, o Grande Mestre martirizado dos Cavaleiros Templários, e os vingadores de Molay, o implacável Adam Weishaupt e seus *Illuminati* bávaros.

Entraremos com o Sumo Sacerdote de Jerusalém no Santo dos Santos para contemplar a Arca da Aliança. Viajaremos até os grandes templos do Egito. Seremos admitidos em câmaras de iniciação maçônica do mundo inteiro e seremos convidados a transpor os muros sagrados da Capela de Rosslyn, na Escócia. Vamos nos entreter com agentes e espiões no quartel-general da CIA na Virgínia e beber em companhia dos peritos no Louvre, em Paris.

Vamos nos juntar aos Cavaleiros Templários em escavações arqueológicas clandestinas e descobrir um segredo cuja revelação abalaria os fundamentos das três maiores fés monoteístas. Qual é o "segredo mais perigoso do mundo"? Ele é verdadeiro? E quem são as pessoas que o descobriram, que "sonharam sonhos maiores" do que os de seus vizinhos europeus? A Bíblia é verdadeira?

Francamente, as afirmações de Lon sobre a historicidade da Bíblia ultrapassam o alcance das minhas próprias pesquisas até aqui. Quanto mais conheço a História, mais me convenço de que ela é escrita por pessoas com interesses inconfessos. Desconfio tanto dos que sustentam uma versão quanto dos que sugerem outra. Como exemplo da dificuldade de distinguir entre fato e ficção, cito a controvérsia sobre se Saddam Hussein tinha ou não armas de destruição em massa. (Tendo a concordar com Ted Koppel que brincou dizendo que sabemos que ele tinha porque ainda temos os recibos!) A questão da existência ou não de Moisés, Davi ou Salomão, é ainda mais capciosa. Lon vai levantar essas questões, mas caberá ao leitor respondê-las. A profundidade da sua pesquisa será a medida da veracidade das suas conclusões.

O ponto a respeito do qual Lon e eu concordamos absolutamente é sobre as doutrinas perniciosas do Pecado Original e da Expiação Vicária. Que vil difamação do mais magnífico milagre de Deus, chamado Homem, é oprimi-lo com o pecado original. Que desprezível o gesto covarde de oferecer a Deus uma vida inocente para garantir a própria redenção. Morrerei pelos meus próprios pecados, muito obrigado. Que o crucificado morra pelos dele. Como os Templários dos tempos antigos, cuspo em cima da crença na natureza inerentemente má da humanidade e na renúncia à responsabilidade individual, que é onde se ancora o mito do Deus Agonizante.

Os Sete Segredos de Salomão revelam as credenciais do autor como um amante da liberdade, que acredita na dignidade inerente dos homens. Esses princípios são uma celebração do nosso direito inato e uma maravilhosa afirmação da Natureza e da grandeza da Criação. Quando Lon escreve que "Toda a criação é um jogo na mente de Deus", ouço um endosso sonante àquele divino concerto de *rock*, participativo e vibrátil, que chamamos de Vida.

A íntima familiaridade de Lon com a Maçonaria é um dos temas mais deliciosos deste livro. É virtualmente impossível exagerar a importância da Maçonaria como um instrumento do Iluminismo. Ela ajudou a libertar milhões e propiciou a criação de governos construídos sobre o princípio do consentimento dos governados. (Talvez a nossa tarefa seja expandir essa doutrina para que se possa falar de "consentimento informado".) Embora a Maçonaria tenha se tornado uma irmandade cada vez mais grisalha nas últimas quatro ou cinco décadas, espera-se que ela reconquiste o seu encanto para as gerações mais jovens. Alguns maçons acham que o melhor modo para se conseguir isso é camuflar as raízes místicas do Ofício. No entanto, alguém que esteja interessado apenas em trabalho beneficente pode entrar para a United Way. O âmago ativo da Maçonaria é a Iniciação nos Mistérios – assim como o âmago ativo deste livro.

A inclusão do material da *Goetia* é um lance de gênio, já que possibilita uma experiência prática dos estados mentais e poderes mágicos discutidos nestas páginas. O mito se transforma em realidade pessoal. O leitor é incentivado a deixar o conforto da poltrona e começar a trabalhar para atingir a Sabedoria e o Poder de Salomão. É aí que tudo adquire sentido. Não se trata de um conto no estilo Dan Brown/*A Lenda do Tesouro Perdido*, feito para estimular e excitar. É um manual de Gnose. As instruções passo a passo de Lon e suas recomendações bem informadas estão entre as melhores que li. Simples, claras, metódicas, elas foram feitas para serem usadas. É um mapa para a exploração do Eu.

Bem-vindo ao mundo maravilhoso de Lon DuQuette e aos verdadeiros segredos da Chave de Salomão.

– James Wasserman
2006 e.v.

PARTE UM

O SEGREDO DE SALOMÃO

Prólogo
Kryptos

"Eles conseguirão ler o que escrevi, mas o que escrevi é, em si, um mistério."

– James Sanborn – Criador da Kryptos

Uma obra de arte incomum enfeita a entrada principal e o pátio da sede da CIA (Central Intelligence Agency) em Langley, Virgínia, perto de Washington D.C. Trata-se de uma escultura multifacetada feita de magnetita, granito vermelho polido, quartzo, chapa de cobre e madeira petrificada. Ela foi encomendada em 1988 como parte do programa A Arte na Arquitetura, da Administração de Serviços Gerais. A tarefa de selecionar o artista coube a uma comissão formada por membros do Conselho de Belas Artes da CIA e do Fundo Nacional de Artes (National Endowment for the Arts), que escolheram o artista local James Sanborn, natural de Washington D.C., que recebeu $250.000 para executar o projeto que ele denominou de *Kryptos* (palavra grega para "oculto").

James Sanborn fez certamente um bom trabalho na preparação do projeto e dos materiais para a obra, intencionada para servir como um exemplo elaborado da arte da criptografia da informação. Ele estudou durante vários meses com um criptógrafo aposentado da CIA, Ed Scheidt, antes de começar a trabalhar na escultura que inclui um pergaminho de cobre perfurado com milhares de letras. Desde o seu descerramento em 1990, ela tem atraído criptógrafos profissionais e amadores, obcecados pela sua solução. No entanto, esse interesse atingiu o ápice em 2003, quando o autor campeão de vendas Dan Brown escondeu referências à escultura *Kryptos* na capa do seu popularíssimo romance *O Código Da Vinci*.[1]

Cerca de 75 por cento da *Kryptos* já foi decifrado. Entre instigantes citações do diário de Howard Carter (descobridor da tumba de Tutancâmon), há sugestões de que alguma coisa importante está enterrada no terreno da sede da CIA. O código decifrado sugere que apenas "WW" (William Webster, antigo diretor da CIA) conhece a localização exata. Infelizmente, Webster não dá muita importância ao tesouro secreto (ou pelo menos é isso que ele nos levou a acreditar). Depois de deixar a agência, disse aos repórteres: "Não tenho nenhuma lembrança disso. Era filosófico e obscuro."

Para quem *é* apaixonadamente interessado por coisas "filosóficas e obscuras", as palavras de Webster não surpreendem e muito menos desencorajam a especulação. Na verdade, para quem gosta de investigar, toda a cidade de Washington D.C. – o traçado curioso e preciso das ruas, a geometria sagrada dos prédios municipais e os monumentos cheios de simbolismo oculto e maçônico – oferece um mistério gigantesco – um mistério que remonta ao nascimento da nação e aos princípios e tradições que lhe serviram de base.

Os fundadores dos Estados Unidos eram francomaçons, e isso não é nenhum segredo. Dezesseis por cento dos signatários da Declaração da Independência, 33 por cento dos signatários da Constituição, George Washington e 46 por cento dos generais do Exército Continental, eram membros da fraternidade. A pedra fundamental do Capitólio foi lançada numa cerimônia maçônica pelo próprio George Washington, que se apresentou com todos os paramentos e insígnias de maçom.

A influência da Maçonaria vai muito além da sala capitular. Quatorze presidentes norte-americanos eram maçons, assim como quase dois terços dos juízes da Suprema Corte. A língua inglesa é salpicada de expressões e termos maçônicos. E todos nós usamos sinais da maçonaria – quando damos um aperto de mão para selar um negócio, quando juramos sobre a Bíblia ou quando o juiz ou o presidente de uma reunião bate o martelo. Na verdade,

---

1. Dan Brown. *The Da Vinci Code* (NY: Doubleday 2003).

até 1827, quando um escândalo maculou a reputação da irmandade, a Francomaçonaria era, para todos os fins, a religião cívica norte-americana.

A Maçonaria ainda está viva no século XXI e continua sendo a maior ordem fraternal do mundo. Como organização beneficente, é uma das mais generosas do mundo, doando mais de um milhão de dólares por dia para várias obras de caridade. Não se discute, no entanto, que o número de seus adeptos está diminuindo rapidamente. Num novo milênio de ritmo acelerado, ser maçom não é mais uma exigência para homens de negócio ou de ambição política.

Os números, porém, podem nos iludir. Conquanto seja verdade que lojas maçônicas estão fechando todos os dias e que um número cada vez menor de homens é atraído para a fraternidade, um número significativo dos que agora pertencem a ela estão apaixonadamente interessados pelos aspectos místicos e esotéricos do Ofício, assuntos que eram ignorados, mal compreendidos e até ridicularizados pela grande maioria dos irmãos que atingiram a idade maçônica no século XX. Esses jovens maçons esotéricos não veem o Ofício apenas como um clube prestador de serviços, com cerimônias e tradições esquisitas, assim como não entram por suas portas antigas e sagradas só para explorar oportunidades de contatos comerciais ou políticos; eles vêm numa busca espiritual pessoal, para serem iniciados na tradição de mistério do Ocidente. Alguns, como eu, chegam a considerar a participação no Ofício como uma iniciação mágica.

O termo "iniciação" é frequentemente malcompreendido. Não se trata apenas de um rito de passagem ou de uma cerimônia formal de apresentação. Trata-se de um novo começo – um despertar – um passo que damos ao tomar a decisão consciente de progredir, de nos tornar mais do que somos. Embora espiritual por natureza, a iniciação difere da religião de um modo fundamental. É o que procuro explicar no livro *Angels, Demons & Gods of the New Millenniun*.[2]

> A iniciação é um começo, não uma recompensa por uma façanha, nem um certificado de conclusão, nem um troféu de competência. A iniciação é um começo e, quando evocamos um começo, conjuramos necessariamente

---

2. Lon Milo DuQuette. *Angels, Demons & Gods of the New Millennium* (ME: Weiser Books. 1997), pp. 130-131.

um final. A morte é a penalidade inevitável que pagamos por nos permitir nascer e a honra da jornada da vida entre esses dois grandes marcos é a única compensação oferecida por esse destino.

O não iniciado não evoca nascimento, nem vida, nem morte. Como sonâmbulos, nossos passos amortecidos nos levam letárgicos do berço ao túmulo, nossa sombra pálida vive pantomimas, mas nunca as aventuras da jornada do iniciado. Como outros mamíferos, nascemos, vivemos e morremos. Mas a menos que façamos um esforço consciente para despertar, a menos que domestiquemos e focalizemos o poder da nossa vontade para dar os primeiros passos em direção à renovação espiritual, nós não, como cantou Homero... *recebemos a nossa parte do rito. Nós não teremos a mesma sina do iniciado... já que estamos mortos e habitamos o solo onde o sol se põe.*[3]

A prostituição pode ser a mais antiga profissão do mundo, mas a mais antiga instituição espiritual é com certeza a sociedade iniciática. Dos que argumentam que a religião ocupa essa augusta posição, tenho que respeitosamente discordar.

A religião meramente vaga pelos pátios externos do grande templo iniciático e mantém o mistério a distância. Com o ocasional fiapo de verdade, trazido pelo vento da câmara iniciática, a religião tece e retece psicoticamente doutrinas e dogmas – tapeçarias de esperança, ódio e perpétua distração. A religião exalta o mistério como segredo incognoscível, que deve ser selado em vidro como o cadáver de uma princesa encantada e temerosamente adorado de longe. A iniciação, por outro lado, requer participação direta e exige que cada um de nós quebre o esquife e ofereça lábios apaixonados ao mistério, cortejando-o como a uma amante que oferecerá seus tesouros numa sucessão de doces entregas. Isso ela fará, mas na proporção exata do nosso mérito e da nossa capacidade para recebê-las.

Para essa nova geração de iniciados maçônicos, os segredos do Ofício não são passos, sinais, símbolos e senhas secretas de uma estranha organização beneficente, mas dizem respeito a um segredo fundamentalmente mais profundo ligado à história da civilização e à natureza da alma humana – um tesouro oculto por séculos –, um mistério à espera de ser trazido à luz por qualquer pessoa que tenha a coragem de levantar o véu.

---

3. Hino a Deméter.

A *Kryptos*, parcialmente decodificada, nos deixa sentir o sabor vibrante e pungente do êxtase dessa descoberta ao citar o diário do arqueólogo Howard Carter, o descobridor da tumba de Tutancâmon.

No começo eu não conseguia ver nada; o ar quente saindo da câmara fazia a chama da vela oscilar, mas à medida que meus olhos se acostumavam à penumbra, detalhes da sala lá dentro emergiam lentamente da bruma, estranhas estátuas e animais de ouro, por toda a parte o brilho do ouro. Por um momento, que deve ter parecido uma eternidade para os que estavam atrás de mim, fiquei mudo de espanto e, quando Lorde Carnavon, incapaz de suportar o suspense por mais tempo, perguntou ansiosamente, *"Está vendo alguma coisa?", eu só consegui pronunciar as palavras, "Sim. Coisas maravilhosas!"*

Os rituais, símbolos e tradições da Maçonaria são como a *Kryptos*, um mistério com muitas camadas, parcialmente decodificado, que oferece a promessa mágica de "coisas maravilhosas" e um tesouro espiritual inigualável para aquelas almas corajosas que não estão apenas dispostas a cavar, mas preparadas para compreender e apreciar o pleno impacto de um grande segredo.

Capítulo 1

Eu confesso – sou um francomaçom

"A Maçonaria é uma ciência moral progressiva, dividida em diferentes graus; e, como as suas principais cerimônias místicas e os seus princípios são regularmente desenvolvidos e ilustrados, pretende-se e espera-se que tenham uma impressão profunda e duradoura sobre a sua mente."

– O Grau de Companheiro de Ofício
Maçons Livres e Aceitos[4]

Sou um francomaçom. Em 1998, aos 50 anos, fui elevado[5] na mesma loja que elevou meu pai cinquenta anos antes. A Maçonaria diz transformar *homens bons em homens melhores* e, apesar dos defeitos do meu pai, ele foi o homem mais ético e nobre que conheci. A sua integridade, pelo que observei, era quase que totalmente autoimposta. Ele não era um homem religioso (admitia apenas acreditar num Ser Supremo), mas era *bom pelo amor à*

---

4. Todos os excertos monitorais referentes a Graus Maçônicos são extraídos de *California Cipher*, Grande Loja da Califórnia, F. &. A.M. (Richmond: Allen Publishing Company, 1990).
5. Um maçom é primeiro *Iniciado* no Primeiro Grau como *Aprendiz Admitido*, *Passado* ao Segundo Grau de *Companheiro de Ofício* e *Elevado* ao *Grau Sublime de Mestre Maçom* (o Terceiro Grau).

bondade e não em obediência a mandamentos divinos, não por medo de uma divindade.

Ele tinha muito orgulho de ser maçom e, mesmo quando não era mais um membro ativo da sua loja, usava sempre os anéis da Loja Azul[6] e do Rito Escocês[7] e mantinha os seus deveres escrupulosamente em dia. Quando eu era criança, ele gostava de me provocar falando da natureza secreta do Ofício e enumerando os seus títulos: *Mestre Secreto, Mestre Perfeito, Eleito dos Doze, Príncipe de Jerusalém, Cavaleiro Rosa-Cruz, Cavaleiro da Serpente de Bronze, Mestre do Segredo Real.*

Mestre do Segredo Real – Esse parecia interessante. Eu tinha que perguntar: "Qual é o Segredo Real?"

"Não posso lhe dizer. É segredo."

"Por favor?"

"Não."

"Você contou para a mamãe?"

"Não. Nunca vou poder contar para a sua mãe."[8]

Essa ideia me agradava. Nós dois ríamos e eu me sentia como se já compartilhasse um segredo maçom.

Uma vez, quando eu tinha cerca de 5 anos, ele me mostrou o seu avental de pele de cordeiro. Vestiu-o, centralizando cuidadosamente o nó, de modo a ficar escondido pela aba triangular do avental. Alisou-o com as duas mãos, ficou em posição de sentido e recitou de memória:

> Um avental de pele de cordeiro. É um emblema de inocência e o distintivo de um maçom; mais antigo do que o Velocino de Ouro ou a Águia

---

6. O termo *Loja Azul* é usado para indicar os três Graus preparatórios e fundamentais: *Aprendiz Admitido, Companheiro de Ofício e Mestre Maçom.* Depois de ser elevado ao Grau de Mestre Maçom, o maçom pode então afiliar-se a outros ritos maçônicos concordantes, como o Rito de York, o Rito Escocês e o Shrine.

7. O Rito Escocês Antigo e Aceito é um dos corpos maçônicos concordantes mais populares nos Estados Unidos.

8. Segundo um dos mais antigos Sinais do Ofício (que remonta às guildas medievais de construtores de catedrais), a Francomaçonaria é exclusivamente uma organização de homens. A Maçonaria *Regular* permanece assim (por nenhuma outra razão, suponho, além da relutância em abolir um antigo Sinal oficial). Há, no entanto, loja de comaçons (homens e mulheres), e outras organizações, como a *Aletheia*, que são exclusivamente de mulheres.

Romana; mais honroso do que a Estrela e a Jarreteira, ou do que qualquer outra distinção que me pudesse ser conferida, neste ou em qualquer período futuro, por Rei, Príncipe, Potentado ou qualquer outra pessoa, e que, espera-se, eu use satisfeito comigo mesmo e em honra à Fraternidade.

Fiquei muito impressionado.

Ele então sorriu e fez uma declaração muito curiosa: "Na próxima vez que você me vir usando este avental, estarei morto e dentro do caixão no meu enterro."

Foram palavras estranhas, um tanto duras para um menino de 5 anos. Mas meu pai era um cara muito estranho. Ele estava certo. Eu o vi de novo vestindo o seu avental maçônico no seu enterro, menos de vinte anos depois. Viveu o suficiente para ver o meu filho nascer, mas não o suficiente para me ver na Maçonaria. Nós nunca nos tornamos Irmãos. Nunca tivemos a oportunidade de discutir o Segredo Real.

Uma confusão qualquer impediu que os seus irmãos de loja fossem ao enterro para uma despedida fraternal. Alguns dias depois, o Mestre nos assegurou que "cabeças tinham rolado" na loja por causa daquele descuido. Vinte e seis anos depois, quando finalmente me tornei maçom, fui nomeado Capelão daquela mesma loja. Um dos meus primeiros atos oficiais foi organizar uma cerimônia maçônica para um enterro.

Devo confessar que já sabia bastante sobre o Ofício antes de me filiar a ele. Fazia 25 anos que vivia mergulhado em estudos, práticas e conspirações de várias ordens iniciáticas e sociedades de magia. Como muitos dos fundadores desses grupos esotéricos eram francomaçons, eu me propus conhecer a história, as doutrinas e os rituais do Ofício, especialmente do Rito Escocês e do Rito de York. Ao longo do caminho, aprendi também muitas outras coisas interessantes.

Quando finalmente entrei para a Maçonaria, não buscava mais a excitação esotérica que temperou as minhas aventuras iniciáticas em outras sociedades secretas mais *secretas*. Sabia desde o início que estava entrando para uma organização de homens mais velhos em sua maioria, com quem teria pouco em comum além dos elos de fidelidade que unem há séculos a fraternidade – homens que, se viessem a me conhecer realmente, achariam os meus interesses estranhos demais, os meus estudos ocultos demais, a minha orientação política liberal demais, a minha moral permissiva demais, os meus escritos esquisitos demais e a minha visão espiritual herética demais – homens que, como o meu pai, preferiam não investigar muito a fundo os mistérios subjacentes às cerimônias e aos símbolos que eles e os que vieram antes deles tão zelosamente preservaram.

Minhas expectativas eram baixas e assim não fiquei em nada desapontado. Fui recebido numa loja que tinha quase mil membros e onde a média de idade era 72 anos – uma loja cuja minúscula biblioteca continha apenas um punhado de livros relacionados aos fundamentos esotéricos da Maçonaria, sendo que poucos tinham sido consultados, segundo os registros da biblioteca.

Isso não me incomodou. Na verdade, até gostei. Pela primeira vez em muitos anos, eu era o mais jovem num grupo. Em pouco tempo, comecei a gostar dos meus novos irmãos e a ter prazer na companhia deles. Cheguei à confortável compreensão de que a Maçonaria (o que quer que ela fosse além disso) era uma grande tenda e que, se eu me comportasse, haveria um lugar para mim dentro dela.

Não me importava o fato de a maioria dos meus companheiros não dar importância alguma aos Mistérios Elêusicos, à magia dos babilônios, egípcios e árabes, à Cabala, ao Gnosticismo, à alquimia ou à história suprimida da Cristandade. Não me importava que os meus novos Irmãos respondessem às minhas perguntas dizendo coisas como ... "Ah! Isso não significa nada... É apenas simbólico."

E daí se o Segredo Real era ainda um mistério para esses *Príncipes do Segredo Real*? Eu estava grato pelo fato de esses cavalheiros – e de gerações de outras almas dedicadas – terem preservado e guardado fielmente o tesouro do Ofício através dos séculos; e agora, com mãos trêmulas, eles o entregavam em segurança para mim, como se estivesse fechado num cofre do qual não tinham a chave.

Na verdade, eu me sentia muito grato – porque eu tinha a chave.

Capítulo 2

Eu confesso – sou um mago

"Muita luz, deve-se confessar, é lançada sobre muitos dos nomes místicos dos graus mais altos pelos dogmas da magia; e assim a magia fornece um estudo curioso e interessante para o francomaçom."

– Albert G. Mackey, M.D. 33°[9]

Ninguém fala pela Maçonaria. Ninguém. Na verdade, mesmo participando ativamente da Loja Azul, do Rito Escocês e de várias sociedades maçônicas de pesquisa, tudo o que digo na presente obra a respeito do Ofício é baseado nas minhas próprias observações e conjecturas. Então, por favor, não me entendam mal quando afirmo, com aparente presunção, que tenho a chave para os mistérios da Francomaçonaria. Não estou dizendo que tenha descoberto a verdadeira história por trás das intrigas políticas, religiosas e sociais que ocorreram (ou não) na Terra nos últimos quinhentos anos, como se fosse um repórter investigativo. Nem estou sugerindo que tenha dominado a história, o significado e as lições de cada grau de cada rito do Ofício. Mas estou dizendo que, a despeito das circunstâncias que envolvem

---

9. Albert G. Mackey, *An Encyclopedia of Freemasonry and Its Kindred Sciences Comprising the Whole Range of Arts, Sciences and Literature as Connected with the Institution*. Edição revista (Chicago: Masonic Publishing Company, 1921). Última edição (Whitefish, MT: Kessinger Publishing 1997), p. 459.

a criação e o desenvolvimento da Maçonaria – a despeito das atividades e motivações presentes e passadas dos seus líderes e membros individuais –, o Ofício é na verdade o guardião de um segredo profundo e fundamental.

De modo algum estou dizendo que sou a única pessoa na Terra que compreende o mistério central dessa augusta fraternidade. Nem mesmo sei se, com a chave na mão, tenho coragem, destreza ou sabedoria para aplicar corretamente essa compreensão ao meu próprio esforço em direção à liberação espiritual e em benefício dos seres humanos.

Tenham ou não consciência disso, milhões de homens e mulheres, maçons e não maçons, têm essa chave. A questão não é pertencer a esta ou àquela organização; não se trata do que sabemos. Em vez disso, é o nós *somos* que coloca a chave nas nossas mãos. Como não há (e não pode haver) duas pessoas iguais, segue-se que não há duas pessoas que se tornaram o que são seguindo os mesmos caminhos. O caminho que tomei é um caminho que tem, há séculos, uma íntima (por vezes desconfortável) relação com a Francomaçonaria. Eu escolhi o caminho da magia.[10]

Por favor, não me descartem imediatamente como se eu fosse um maluco ou, pior, algum adorador do diabo. No sentido mais amplo do termo, magia é apenas a *Ciência e a Arte de fazer com que a Mudança ocorra em conformidade com a Vontade*. A *Vontade* a que me refiro é ao mesmo tempo a *Vontade de Deus* (no sentido comum) *e* a verdadeira Vontade de cada pessoa que, se realizada corretamente, nada mais é do que o reflexo perfeito da Vontade divina. Em outras palavras, se eu procurar e encontrar a minha verdadeira Vontade – qual é o meu lugar no universo – o que vim fazer nesta Terra –, terei descoberto (da única maneira significativa para mim) a vontade de Deus para a minha vida.

Como mago, venho trabalhando há 35 anos, tanto pelos meios tradicionais como pelos proibidos, no sentido de fazer com que a mudança ocorra na minha vida em conformidade com o que sinto ser a minha Vontade. Digo "sinto ser a minha Vontade" porque é só depois de desenvolver um nível significativo de iluminação que podemos saber, com alguma certeza, qual é a nossa Vontade.

---

10. Para diferenciar a arte espiritual daquela do ilusionista de palco, os magos modernos, inclusive eu, preferem a forma *magicka*. No entanto, para evitar uma confusão desnecessária na mente do leitor, decidi reverter à forma *magia*, mais reconhecível, ao longo deste livro.

A mudança suprema que gostaria de efetuar é a minha própria iluminação e liberação espiritual. Dê a isso o nome de salvação, redenção, retorno à Divindade, absorção no infinito, nirvana ou céu, essa é a meta suprema de todo buscador espiritual. No entanto, o mago encara o Grande Trabalho de maneira muito diferente da média dos devotos religiosos ocidentais ou dos místicos orientais.

As disciplinas do Oriente incentivam o aspirante a aquietar o corpo e a mente e *entrar* em si mesmo para lidar subjetivamente com os obstáculos sutis que impedem a perfeita iluminação. Essa abordagem exige paciência e uma sutil certeza subjacente de que todas as respostas espirituais podem, em última instância, ser encontradas dentro de nós.

A magia ocidental vem dos mitos e das ricas tradições da Babilônia, do Egito, da Arábia e de Israel. É uma forma de arte espiritual que parece ser especialmente adequada à maneira pela qual a psique ocidental é programada. Tradicionalmente, a abordagem do místico ocidental não é tão sutil quanto a do seu equivalente oriental. Até tempos relativamente recentes, os buscadores ocidentais em sua maioria não tinham ainda desenvolvido a confiança para explorar a possibilidade de que todas as respostas espirituais estão dentro de nós. Por muitos séculos, preferimos objetivar as questões subjetivas – lidar exteriormente com questões interiores. Para os menos ousados, isso significa submissão aos ditames de uma divindade que parece existir fora de nós – fora da natureza. Em vez de fechar os olhos e procurar as próprias respostas, a maioria dos ocidentais tem preferido o caminho da iluminação vicária – contando apenas com a fé na realidade exterior e concreta das palavras autorizadas de alguma escritura ou pessoa.

Até certo ponto, essa *introspecção para fora* também é a base da tradição mágica ocidental. Mas o foco do mago é um pouco mais ousado e pessoalmente mais desafiador. O mago tem a coragem de se ver como elo importante na divina cadeia de comando dos seres espirituais – não um mero observador ou uma vítima indefesa em busca de salvação, mas um parceiro importante, um sócio júnior de Deus no grande plano da criação.

Esse ponto de vista não é exclusivo do mago moderno. Na verdade, estatísticas recentes[11] revelam que cerca de um terço da população da Terra compartilha hoje dessa autoimagem espiritual num certo grau. Antes do

---

11. *National & World Religion Statistics*. Adherents.com:

advento do Cristianismo e do Islã, isso era um fato da vida quase que universalmente aceito. Mas a magia é uma ciência e uma forma de arte, não um sistema de crenças ou uma religião. Como a Francomaçonaria, a magia pouco se importa com as opiniões e crenças religiosas de cada um.

Dito isso, permanece o fato de que pouquíssimos maçons são magos ativos, não tendo nem mesmo interesse por essas coisas. Em teoria, a Maçonaria abre as portas para qualquer pessoa que professe a sua fé num Ser Supremo, mas a maioria esmagadora dos maçons do mundo inteiro é cristã ou judia. Passagens da Bíblia são recitadas durante as cerimônias de Grau e (a menos que o candidato peça outra coisa), a versão cristã da Bíblia Sagrada costuma ser o *Livro da Lei Sagrada* sobre o qual os candidatos à iniciação põem a mão ao fazer seus juramentos solenes à fraternidade.

As reuniões das lojas têm uma atmosfera abertamente religiosa. Começam e terminam com uma prece dirigida genericamente ao *Grande Arquiteto do Universo* ou ao *Grão-Mestre Supremo*. Esse costume cria uma atmosfera espiritual singular, em que a Suprema Divindade é elevada acima das divisões sectárias. Não somos mais metodistas rezando como metodistas, nem judeus rezando como judeus, nem muçulmanos rezando como muçulmanos, nem pagãos rezando como pagãos. Na sala capitular ladrilhada, somos simplesmente seres humanos rezando a Deus porque isso é humano.

Quando se pensa nisso, vemos que esse costume aparentemente simples é, em si mesmo e por si mesmo, uma declaração revolucionária e radical de liberação espiritual. Transforma cada membro numa única religião, subordinada apenas a Deus. É isso exatamente o que o mago é.

É altamente apropriado que a pessoa do Rei Salomão surja como figura central nas tradições da magia e da Maçonaria, já que está escrito que Salomão não foi apenas um grande e sábio homem de Deus; ele foi também o mais poderoso mago que o mundo conheceu.

Capítulo 3

Salomão o Rei

"Lemos, nos Escritos Sagrados, que há muito tempo tinha sido decretado na sabedoria e nos desígnios da Divindade que uma casa deveria ser construída, erigida para Deus e dedicada ao Seu santo nome. A mesma fonte sagrada nos diz também que Davi, Rei de Israel, desejou construir a casa, mas que, em consequência do seu reinado ter sido um reinado de muitas guerras e muito derramamento de sangue, esse ilustre privilégio lhe foi negado. No entanto, ele não foi deixado sem esperança porque Deus lhe prometeu que dos seus lombos sairia um homem que seria adequado à realização de uma empreitada tão grande e gloriosa. Essa promessa foi cumprida na pessoa e no caráter de Salomão, seu filho, que subiu ao trono..."

– Da Preleção do Mestre
Maçons Livres e Aceitos

Tudo o que sabemos sobre o Rei Salomão vem das páginas da Bíblia (basicamente do *Primeiro Livro dos Reis* e do *Segundo Livro das Crônicas*) e de outros textos religiosos judaicos, islâmicos, cópticos e etíopes. A Bíblia nos diz que Salomão subiu ao trono de Israel depois da morte do seu pai, o grande rei-guerreiro de Israel, Davi.

A história de Davi, como é esboçada nos *Livros de Samuel*, poderia ser considerada a primeira biografia real do mundo. Nunca antes na literatura um personagem tinha sido tão exposto, com defeitos e tudo. As narrativas bíblicas sobre Davi e Salomão são como romances vívidos e excitantes, representando uma notável ruptura de estilo em relação aos outros livros da Bíblia.

A Bíblia nos diz que Salomão herdou uma nação enorme e tremendamente rica, com um grande exército muito bem equipado.[12] A Israel de Salomão era tão rica e poderosa que nenhum dos vizinhos, incluindo o arqui-inimigo Egito, ousava hostilizar. As Escrituras contam que os governantes do mundo disputavam as boas graças de Salomão e ofertavam generosamente tributos opulentos ao rei hebreu, enchendo os seus celeiros e casas do tesouro com riquezas como o mundo jamais vira. Num ato de submissão sem precedentes na tradição bíblica, o Faraó do Egito enviou a própria filha para ser uma das muitas mulheres do sábio e poderoso Salomão.

Foi nessa gloriosa atmosfera de paz e prosperidade que Salomão realizou o sonho do seu pai de construir um templo digno de abrigar a presença palpável do Deus Vivo e Verdadeiro. Esse grande templo seria um centro exclusivo de adoração e sacrifício para os filhos de Israel e substituiria o tabernáculo portátil que tinha servido de casa para a Arca da Aliança durante a perambulação através do deserto, na época de Moisés.

Para dar conta dessa empreitada, a Bíblia nos conta que Salomão recrutou trinta mil homens para cortar madeira no Líbano, setenta mil homens para transportar cargas, oitenta mil cortadores de pedra das montanhas e três mil supervisores da obra. O templo foi concluído em pouco mais de sete anos.[13] O relato bíblico[14] é rico em detalhes sobre as dimensões e a ornamentação do edifício em estilo fenício – tanto que arquitetos modernos conseguiram desenvolver desenhos e modelos bastante satisfatórios.

Salomão morreu depois de reinar sobre Israel durante quarenta anos.[15] Como o seu pai, teve a sua cota de problemas (muitos deles com mulheres), mas conseguiu manter o país unido. Depois da sua morte, no entanto, uma série de reis desprezíveis se pôs a trabalhar imediatamente para criar

---

12. 1Reis 4, 21-26 e 1Reis 9, 17-23, 2Crônicas 9, 25-26.
13. Estudiosos da Bíblia estimam 956 AEC.
14. 1Reis (Capítulos 5-8) e 2Crônicas (Capítulos 1-7).
15. Estudiosos da Bíblia estimam 930 AEC.

a desordem. A nação se dividiu em Judá ao sul (onde ficavam Jerusalém e o templo) e Israel ao norte.

O templo se manteve em sua condição original por apenas 33 anos. Estudiosos da Bíblia calculam, no entanto, que ele permaneceu intacto (ainda que em decadência) por mais 374 anos, antes de ser totalmente destruído pelos exércitos do Rei Nabucodonosor da Babilônia, por volta de 586 AEC. Nabucodonosor ordenou também que os membros mais aptos da nobreza hebraica fossem feitos prisioneiros e levados à Babilônia para servir no palácio e receber instrução babilônica. Foi só setenta anos depois, com a morte de Nabucodonosor e a conquista da Babilônia por Ciro da Pérsia, que os descendentes dos prisioneiros hebreus puderam voltar a Jerusalém para construir outro templo.

As lições morais da Maçonaria se inspiram nessas histórias. Como vamos ver, o Grau de Mestre Maçom se concentra na história do assassinato do mestre construtor de Salomão, Hiram Abiff, e vários graus do Rito Escocês e do Rito de York ilustram histórias da escravidão babilônica e acontecimentos relativos à volta dos filhos de Israel a Jerusalém. Não seria exagero dizer que o coração e a alma da Maçonaria estão nas seções da Bíblia que contam a história do Rei Salomão e o destino do magnífico Templo de Deus.

Mas a Bíblia nos diz muito pouco sobre Salomão, o mago. Para esses relatos, temos que recorrer às tradições e à literatura do Judaísmo e do Islã, bem como ao *Alf Laylah wa Laylah*, um verdadeiro texto mágico, mais conhecido entre nós como *As Mil e Uma Noites*.[16]

---

16. *The Arabian Nights*. Richard F. Burton (trad.), Bennett Cerf (org.). (NY: Modern Library, reed.1997), p. 35.

Capítulo 4

Salomão o Mago

Disse o Jinni: "Saiba que sou um entre os heréticos Jann e que pequei contra Salomão... e por isso o Profeta enviou o seu Ministro para me pegar. E esse Wazir me trouxe contra a minha vontade e me levou a ele amarrado... e me fez ficar em pé diante dele como um suplicante. Quando Salomão me viu, pediu a proteção de Alá e me propôs que aceitasse a Verdadeira Fé e obedecesse as suas ordens. Mas eu me recusei e então, mandando vir esta cucúrbita, ele me fechou dentro dela e a selou com chumbo, onde imprimiu o Nome do Altíssimo, e deu suas ordens aos Jann, que me levaram e me jogaram bem no meio do oceano. Lá fiquei por cem anos, durante os quais dizia em meu coração: 'Aquele que me libertar, vou enriquecer para sempre.'"

– De *The Fisherman and the Jinni*

Pode-se dizer que o Rei Salomão é uma das figuras mais vívidas do Antigo Testamento, mas o Salomão bíblico é insípido quando comparado a Salomão o mago de outras tradições. O Judaísmo e o Islã parecem se fundir numa névoa mágica de fábula e fantasia na pessoa de Salomão. Ele é ao mesmo tempo um rei hebreu, um profeta de Alá e um audacioso sábio oriental. Salomão o mago falava com os animais, voava num tapete mágico e fazia com que outros voassem até ele.[17] Controlava as forças da natureza

---

17. Alcorão: sura 38, versos 33-35; sura 27, versos 38 a 40.

e era mestre dos habitantes do mundo espiritual, os demônios, afrites e gênios das *Mil e Uma Noites* de Scherazade. Nesses contos, é dito várias vezes que Salomão arregimentara os serviços de gênios e outros espíritos maléficos para construir o Templo de Deus.

Aparentemente, os antigos não viam nisso nenhum conflito de interesses. Para eles, demônios, gênios e diabos eram representantes espirituais das forças cegas da natureza, que criam e destroem tudo no universo. Salomão era o instrumento de Deus na Terra e, se ele conseguia controlar os espíritos infernais para ajudá-lo a construir o Tempo de Deus, então ele deveria ser parabenizado por isso.

Assim como o pesado equipamento que troveja e arrota fumaça, usado nas construções de hoje, essas forças potencialmente perigosas podem ser instrumentos de morte e destruição se não forem controladas e dirigidas por uma inteligência superior. Mas nas mãos de um operador habilidoso, as mesmas ferramentas terríveis podem ser usadas para propósitos construtivos e justos – incluindo a construção da Casa de Deus.

Como é dito em *Primeiro Reis*, Salomão empregou setenta mil homens para transportar cargas, oitenta mil cortadores de pedra da montanha e três mil supervisores. Lembram disso? Pois a versão lendária da construção do Templo é um pouco mais interessante. Eis como Sheik Al-Siuti, historiador da religião muçulmana, conta a história:

> Quando Deus revelou a Salomão que ele deveria lhe construir um Templo, Salomão reuniu todos os sábios, gênios e Afrites da Terra, e os mais poderosos demônios. Designou uma divisão deles para construir, outra para cortar blocos e colunas nas minas de mármore e outras para mergulhar nas profundezas do oceano em busca de pérolas e corais. Algumas dessas pérolas eram como ovos de galinha ou avestruz. Então, começou a construir o Templo... os demônios cavavam minas de jacinto e esmeralda. Faziam também blocos de mármore altamente polido.[18]

O Talmude judaico relata uma história memorável das negociações de Salomão com o arquidemônio Ashmodai numa tentativa de conseguir um verme mágico chamado Shamir. O Shamir tinha o poder de atravessar

---

18. Solomon Steckoll, *The Temple Mount* (Londres: Tom Stacey LTd. 1972).

silenciosamente a pedra sólida, cortando-a com velocidade e precisão surpreendentes. O fato de Salomão controlar os elementos e estar de posse de Shamir, o silencioso cortador de pedras, não é mencionado diretamente nos ensinamentos da Maçonaria, mas ouvimos ecos dessa história na preleção do Terceiro Grau, feita pelo Mestre:

> ... embora mais de sete anos tivessem sido dedicados à sua construção [do Templo], nesse período não choveu durante o dia, mas só durante a noite, para que os trabalhadores não fossem impedidos de trabalhar... lemos também que não se ouvia som de machado, martelo, ou de qualquer outra ferramenta na casa enquanto esta era construída...

O conceito de uma parceria mágica entre um imperioso servo de Deus e espíritos que podem ser maus e destrutivos logo se tornará um fator muito importante na nossa compreensão da Chave de Salomão. Mas antes de continuar a discutir o assunto, vamos fazer um breve desvio através do espaço e do tempo: o lugar é a sala capitular da Loja do Líbano nº 58, *Antigos Maçons Livres e Aceitos*, em Columbus, Nebraska. O ano é 1962 EC.

Um "Pobre Cavaleiro do Templo".

Capítulo 5

Uma sociedade secreta de meninos

"Prometo que honrarei a confiança em mim depositada, as promessas que vier a fazer, na medida em que seja humanamente possível; e que terei sempre diante de mim, como exemplo glorioso, a fidelidade heroica de Jacques DeMolay e de cada mártir que deu a vida para não trair um amigo ou a confiança nele depositada."

– Do Juramento de um DeMolay

Quando eu tinha 14 anos, fui gentilmente coagido pelo meu pai e por vários colegas de escola a entrar na Ordem DeMolay. Criada em 1919 por Frank S. Land, um negociante de Kansas City e francomaçom de alto grau, a DeMolay é uma organização maçônica para jovens entre 12 e 21 anos. No começo, achei a coisa meio piegas e teria preferido passar o tempo praticando guitarra e me comportando mal. Confesso que não levei aquilo a sério. Havia, no entanto, certos aspectos da experiência que me interessaram.

Eu adorava a *atmosfera* da sala capitular. Depois das reuniões, enquanto os outros meninos estavam comendo e tomando refrigerante no salão social, eu ficava sentado sozinho na penumbra do templo, tentando imaginar os procedimentos secretos dos maçons adultos. A sala capitular me parecia mais sagrada do que a igreja. Era retangular e cheirava a madeira antiga e charutos. Havia grandes tronos posicionados a leste, sul e oeste, e dois pilares com globos sobre os capitéis ladeavam a porta dupla a oeste. Havia um altar no centro da sala. Era como se tudo – cada cadeira, cada pódio, cada símbolo engastado conhecesse o seu lugar e estivesse perfeitamente situado. É aí que se revela o Grande Segredo?

Uma noite, depois da reunião do Capítulo, fiquei na sala capitular para absorver a atmosfera e sonhar com rituais. Nessa noite, decidi me sentar no grande trono ao sul. Sabia que era a cadeira de um oficial importante porque ficava atrás do pódio adornado que parecia um pilar baixo. O topo do pódio era coberto por um quadrado de mármore negro. Por alguma razão, senti vontade de apoiar as mãos no mármore e sentir o seu peso frio. Para a minha surpresa, ele se moveu um pouco. Levantei-me e vi que ele era preso ao topo do pódio só num dos cantos e que a peça toda podia ser deslocada para o lado, revelando um compartimento secreto.

Senti como se o meu coração fosse explodir enquanto olhava rapidamente à minha volta para ter a certeza de que estava sozinho na sala capitular. Então, olhei lá dentro. No compartimento, de aproximadamente vinte centímetros de fundo, havia um livrinho azul. Peguei-o com muito cuidado. Não havia nada escrito na capa. Abrindo-o, descobri que estava escrito num estranho código que usava letras e símbolos latinos (U wr cd t # cn % # :: @ cs t kn fr # bn % pr... etc). Lembro-me de ter pensado: "Que legal!" Debati comigo mesmo se devia ou não contar ao meu pai sobre a minha descoberta proibida. Optei por não contar, achando que talvez ele tivesse que me matar.

Fiquei especialmente impressionado com a cerimônia de iniciação ao Segundo Grau DeMolay.[19] O ritual é na verdade uma peça montada na sala capitular pelos próprios meninos.[20] Ela ilustra o julgamento e o martírio de Jacques DeMolay, o último Grande Mestre dos Cavaleiros Templários, que foi queimado na fogueira em Paris, pelas mãos da Inquisição, em 1314. É uma peça notavelmente elaborada, cheia de gritos e ruídos de tortura – o tipo de coisa de que adolescentes gostam. De certo modo, a cerimônia é

---

19. O Grau DeMolay foi escrito por Frank A. Marshall, um colega maçônico de Frank Land e admirador apaixonado de Jacques DeMolay e dos Cavaleiros Templários.
20. Em Capítulos maiores, o DeMolay Degree é apresentado no palco e não na sala capitular.

um *trailer* atenuado de elementos de vários graus do Rito Escocês da Francomaçonaria que tratam do mesmo assunto.

Da maneira como é apresentada, a história é um exemplo clássico da luta entre o bem e o mal – o nobre Grão-Mestre de um grupo de virtuosos cavaleiros resistindo a um Rei da França, invejoso e ganancioso, e a um Papa corrupto e supersticioso. É verdade que o mal triunfa temporariamente (DeMolay é executado e a sua Ordem aparentemente destruída), mas as lições morais são claras. O nosso herói permanece fiel à sua consciência e leal aos companheiros, suportando as acusações falsas, a tortura, o julgamento injusto e finalmente a fogueira.

A cerimônia não define claramente quais eram as acusações contra os Templários e DeMolay. No ritual, o Mestre Inquisidor acusa DeMolay de ser o chefe de uma ordem que "praticava muitas abominações", e o condena por:

- Hipocrisia e traição na condução das Cruzadas à Terra Santa;
- Traição ao Rei da França (Felipe IV, o Belo);
- Heresia contra a Igreja;
- Viver na riqueza enquanto os pobres morriam de fome, e;
- Conivência com os infiéis para impedir as Cruzadas de realizar o seu santo propósito.

Admito que fiquei muito impressionado com a coisa toda. Aos meus olhos adolescentes, Jacques DeMolay parecia um cara muito legal e a sua morte trazia lições de virtude e lealdade – qualidades que eu esperava ser sempre capaz de emular. Mas, além de me mostrar *a favor* do que eu estava, a história de DeMolay me ensinou *contra* o que eu estava – as forças da intolerância, da superstição e da tirania.

Depois da iniciação ao Grau DeMolay, eu me juntei aos meus Irmãos no salão social para comer e tomar refrigerantes e ouvir uma breve palestra feita pelo nosso *Tio* (termo usado para o supervisor maçônico adulto do Capítulo). Nesse cenário mais informal, ficamos sabendo de vários detalhes muito curiosos da história de DeMolay. O nosso *Tio* obviamente apreciava essa parte da noite e falou de improviso. Primeiro, ele nos contou que alguns historiadores maçônicos acreditam que a Maçonaria foi criada por antigos Cavaleiros Templários que fugiram para a Escócia quando a Ordem foi declarada ilegal. Piscando o olho, ele insinuou dramaticamente que os segredos dos Templários ainda eram guardados nos símbolos e rituais da Maçonaria. Contou então uma história que parecia saída de um filme de terror.

Felipe IV (O Belo) Rei da França e o Papa Clemente V.

Parece que, enquanto era queimado vivo pelos carvões e pelas chamas, o condenado DeMolay proferiu uma maldição em alto e bom som. Jurou que dentro de um ano, ele (da cova ou do lugar para onde vão as cinzas) voltaria para buscar as almas do Rei Felipe e do Papa Clemente para levá-las às barras do tribunal do céu. Lá, DeMolay pediria a Deus para julgar quem era o culpado naquele caso. E aconteceu que menos de um ano depois dessa horrível maldição, de fato o Rei e o Papa se juntaram ao martirizado Grão-Mestre na vida além.

Isso foi muito impressionante!

Mesmo assim, era algo um tanto forte para um garoto de 14 anos de uma cidadezinha do Nebraska e confesso que não meditei muito profundamente sobre DeMolay e seus companheiros até muitos anos depois, quando os fantasmas dos Cavaleiros Templários entrariam outra vez na minha vida.

Dessa vez, o foco da minha atenção não estaria na morte de Jacques DeMolay, mas nas heresias e abominações que ele e os seus companheiros foram acusados de praticar.

O Monte do Templo, em Jerusalém, com a aparência que deveria ter no tempo das Cruzadas

Capítulo 6

Os Cavaleiros Templários

"Os Templários têm alguma coisa a ver com tudo."

— Umberto Eco, *O Pêndulo de Foucault*[21]

Há uma história que é muito repetida pelos entusiastas de sociedades secretas e conspirações: em 1792, durante a Revolução Francesa (quase quinhentos anos depois do martírio de Jacques DeMolay), no momento em que a guilhotina decapitou o Rei Luís XVI, um homem anônimo saltou sobre o cadafalso, mergulhou a mão no sangue do rei e gritou: *Jacques DeMolay, tu es vengé!* (Jacques DeMolay, você está vingado!) Outra lenda sem comprovação sustenta que, ao ficar sabendo da execução do rei, Adam Weishaupt, fundador da notória sociedade (por um breve período ligada à Maçonaria) *Illuminati* da Baváría, pronunciou essas mesmas palavras.

Verdadeiras ou não, o fato é que essas histórias se espalharam quase que imediatamente depois da morte de Luís e que a frase é até hoje uma palavra de ordem em ações revolucionárias contrárias à superstição, à tirania e à repressão da liberdade e do pensamento humano, especialmente quando atribuída à Igreja Católica Romana e aos monarcas europeus "divinamente escolhidos".

---

21. Umberto Eco. *Foucault's Pendulum* (NY: Ballantine Books; reed. 1990), p. 312.

Há quase dois séculos, estudiosos maçônicos debatem apaixonadamente qual seria a relação entre os Cavaleiros Templários e a Maçonaria, se é que existe essa relação. Não há evidências claras nem documentos que nos informem com todas as palavras que, numa determinada data, os Cavaleiros Templários entraram na clandestinidade e criaram uma sociedade secreta benevolente que usa ferramentas de construção como símbolos esotéricos e histórias da Bíblia como lições morais. No entanto, muitos maçons influentes do passado, especialmente os que viveram na França do século XVIII,[22] adotaram com entusiasmo os Templários como seus predecessores.

Ainda assim, os defensores de uma ligação histórica entre os Templários e a Maçonaria contam apenas com elementos muito genéricos dos rituais e liturgias do Ofício para demonstrar no máximo uma harmonia de metas e atitudes anticlericais compartilhadas pelas duas organizações. No entanto, no campo filosófico (onde a *tradição* histórica é mais importante do que a *História* propriamente dita), isso tem um profundo significado. Como afirma a *Coil's Masonic Encyclopedia*, até os comentaristas maçônicos mais conservadores admitem que essa ligação se tornou inextricavelmente permanente.

> Essa teoria da origem templária, mesmo mítica e não comprovada pelas autoridades da História, tem exercido uma grande influência na elaboração de Graus avançados e na invenção de Ritos Continentais.[23]

Já adulto, eu me interessei pelos Templários, não pela sua possível ligação com a Francomaçonaria, mas porque estava profundamente interessado nas acusações feitas contra eles. As acusações eram muitas, mas as que mais me chamaram a atenção foram as que diziam que:

- os novos iniciados tinham que cuspir e pisar num crucifixo;
- eles eram proibidos de adorar o crucifixo;

---

22. A hipótese de que a Maçonaria teria a sua origem nos Cavaleiros Templários foi levantada originalmente em 1737 pelo Cavaleiro Andrew Michael Ramsey, renomado educador e francomaçom, numa comunicação feita supostamente à Grande Loja da França.
23. *Coil's Masonic Encyclopedia* (NY: Macoy Pub & Masonic Supply Co; rev. 1996), p. 347.

- era dito aos novos cavaleiros que Jesus era um homem que morreu como qualquer outro homem;
- nos graus mais altos, os Templários adoravam a cabeça de um homem barbudo ou uma estátua com cabeça de burro chamada Bafomete e (o que muito me interessou);
- eles praticavam a magia.

Que curiosa variedade de acusações a serem feitas contra um grupo de cavaleiros cristãos! No entanto, as "confissões" feitas pelos membros torturados da ordem tinham certa constância, o que pode nos levar a concluir que talvez haja um pouco de verdade nas acusações. Mas antes de abrir essa lata de vermes, vamos dar uma olhada nesse pitoresco grupo de irmãos. No dia de Natal do ano 1118 EC,[24] um grupo de nove cavaleiros franceses, incluindo Hughes de Payen (primo do conde de Champayne e marido de Catherine St. Clair, de Roslin), fizeram votos de pobreza, castidade e obediência diante do Patriarca de Jerusalém e do Rei Balduíno II, da Palestina. Disseram que pretendiam formar uma Ordem Sagrada de guerreiros e que requeriam, para a sua sede, a área adjacente ao setor leste do Palácio do Rei em Jerusalém – o lugar que hoje conhecemos como Monte do Templo.

Por razões que nenhum historiador consegue explicar, o Patriarca aceitou os votos dos cavaleiros e o Rei lhes entregou sumariamente a área que tinham pedido.

Essa área do Monte Moriá tinha um rico e lendário passado, que se misturava com a mitologia semítica. Dizia-se que uma pedra exposta no topo do monte, saída da boca da mítica serpente Tahum na aurora dos tempos, servia como portal de ligação entre o mundo superior e as regiões infernais. A tradição nos informa também que foi ali que Abraão construiu o altar de pedras sobre o qual preparou o filho Isaque para ser sacrificado. Desse altar, Jacó (filho de Isaque) pegou uma pedra para lhe servir de travesseiro e então dormiu e sonhou com uma escada que levava ao céu. Ao despertar dessa visão, Jacó untou a pedra com óleo e ela supostamente afundou no chão, para formar a base do que seriam os três grandes Templos judaicos:

---

24. A data exata, como tudo que é ligado à história dos Templários, é objeto de debate e conjecturas.

- O Templo do Rei Salomão (959 AEC);
- Um Segundo Templo, maior mas menos ornamentado (535 AEC), construído pelos filhos de Israel ao retornarem do cativeiro na Babilônia;
- O magnífico Terceiro Templo (20 AEC), construído por Herodes o Grande e destruído pelos romanos em 70 EC.

O Templo de Herodes foi o maior de todos. Era o Templo que existia durante a vida de Jesus – para o qual, segundo o Novo Testamento, ele foi levado quando criança e onde chicoteou os comerciantes e cambistas.

Os cavaleiros se denominavam *Pauvres Chevaliers du Temple* – Pobres Cavaleiros do Templo ou Cavaleiros Templários – e parece que foram para Jerusalém com o único propósito de fundar a ordem e conseguir o Monte do Templo como sede. A *raison d'être* oficial deles era proteger o crescente número de peregrinos cristãos que percorriam estradas perigosas até a recém-conquistada Terra Santa (uma tarefa que já estava sendo cumprida pelos Cavaleiros de São João). É altamente improvável, no entanto, que essa fosse realmente a sua intenção – pelo menos no início. Na verdade, é duvidoso que os nove *Pauvres Chevaliers du Temple* tenham sequer fingido proteger alguém nos primeiros nove anos, um período em que – tudo indica – ficaram isolados no Monte do Templo.

Modernos entusiastas dos Templários sugerem que esse pequeno grupo de cavaleiros estaria empenhado numa ativa escavação das ruínas do Monte do Templo, procurando a Arca da Aliança, o ouro do Rei Salomão ou outras relíquias inestimáveis. Por mais que muitos de nós gostaríamos que houvesse sólidas evidências arqueológicas para sustentar essas especulações, não existe nenhuma. No entanto, é difícil imaginar que nove homens aquartelados durante nove anos no mais lendário e místico ponto da Terra não tivessem tido vontade de dar uma olhada por lá.

Só podemos tentar adivinhar o que eles estariam procurando, se é que procuravam alguma coisa em particular, mas há entusiastas da conspiração (e romancistas modernos) que acham que eles encontraram (ou aprenderam) alguma coisa – alguma coisa muito importante –, alguma coisa que em alguns poucos anos lhes valeu a boa vontade e a deferência da Igreja de Roma e dos príncipes da Europa.

A história da meteórica ascensão dos Templários ao poder é um caso único na história da civilização ocidental e é o tema de muitos livros e ensaios bem pesquisados e bem documentados. Ainda assim, é difícil separar os fatos da lenda. No entanto, para os nossos propósitos, a lenda é tão importante e relevante quanto os fatos, já que movimentos políticos e religiosos são formados por aquilo que as pessoas acreditam ser verdade e não pelo que pode ser factual. Imploro que o leitor tenha isso em mente à medida que nos aprofundamos neste assunto.

Durante nove anos depois da sua formação, os *Pauvres Chevaliers du Temple* ficaram fazendo alguma coisa no local do templo, sem iniciar nenhum novo membro. Então, em 1126, dois deles, Hughes de Payen e André de Montbard, voltaram à França para conversar com o sobrinho de Montbard, o Abade de Clairvaux. O Abade não era um clérigo comum. Era o conselheiro mais importante do Papa Horácio II e a figura mais brilhante e carismática da Cristandade do século XII. Hoje, nós o conhecemos como São Bernardo de Clairvaux.

Seja o que for que tenha ouvido do seu tio André, Bernardo pôs imediatamente o poder da sua influência e da sua energia a serviço dos Templários. Convenceu o Papa a dar aos *Pauvres Chevaliers du Temple* o pleno reconhecimento da Igreja e se ofereceu para criar a constituição da Ordem. Estranhamente, o Regulamento da Ordem que Bernardo redigiu não fazia nenhuma referência à proteção de peregrinos. O que ele fez foi unir as duas forças mais poderosas do mundo ocidental: a Igreja de Roma e a brutalidade implacável do guerreiro feudal.

Os Cavaleiros Templários se tornariam o primeiro exército realmente disciplinado desde os legionários romanos – um exército de combatentes que viviam como monges –, soldados cristãos cuja sangrenta ocupação não punha em risco a sua expectativa de ir para o céu porque eles tinham licença para matar o mal. Ao contrário de outros cavaleiros que deviam obediência a um determinado rei, duque, barão ou nobre, os Templários eram os únicos guerreiros subordinados apenas ao Papa.

Eles não formavam, no entanto, um exército papal. Na verdade, desde o início da sua existência e pelos duzentos anos seguintes, os papas trataram os Cavaleiros Templários como se fossem intocáveis. Eles tinham liberdades e privilégios que não eram permitidos a nenhum outro grupo na

Cristandade. Tinham os próprios padres e confessores. Tinham permissão para construir as próprias igrejas de estilo singular. Foram eximidos de muitas outras supervisões e restrições papais. As famílias nobres da Europa logo começaram a esbanjar dinheiro e terras para presentear a nova ordem, e seus filhos privilegiados competiam pela oportunidade de se juntar aos *Pobres Cavaleiros do Templo*.

Em 1128, antes de voltar a Jerusalém, Hughes de Payen (um parente, por laços de casamento, aos St. Clairs da renomada Capela Rosslyn) viajou para a Escócia e fez uma visita aos seus parentes. É evidente que os St. Clairs ficaram impressionados com o que ele lhes contou, pois imediatamente doaram à nova ordem uma grande área em Ballontrodoch (hoje cidade do Templo) para ser a sede dela na Escócia.

Quase que do dia para a noite uma nova classe de cidadãos foi introduzida no sistema feudal daquela época – um novo tipo de homem –, um *homem livre*, desimpedido das restrições da Igreja e do estado – um *homem livre* que não precisava da permissão de nenhum bispo, rei, barão, lorde ou magistrado para se locomover à vontade pela face da Terra, de cidade em cidade, de província em província, de país em país. (Essa liberdade de movimento é também um dos privilégios do maçom moderno e encontra eco no ritual maçônico. A resposta correta à pergunta "O que o levou a se tornar maçom?" começa assim: "Para poder viajar para países estrangeiros...")

Depois das Cruzadas, a estrutura internacional e a capacidade de organização dos Templários os transformaram numa superentidade econômica, num exército mundial, num país sem fronteiras. Como não estavam sujeitos às leis da Igreja que proibiam emprestar dinheiro a juro, tornaram-se o primeiro megabanco internacional/multinacional. Inventaram os cheques. Mantiveram um exército de soldados valentes e altamente treinados e uma armada de navios à vela. Reis faziam empréstimos de dinheiro com eles e (embora fossem tecnicamente subordinados à autoridade papal) durante duzentos anos os papas deixaram que fizessem o que bem entendessem. Era como se os Templários (como diriam os bandidos dos filmes) soubessem de alguma coisa altamente comprometedora a respeito da Igreja e dos monarcas da Europa. Alguns acham que eles tinham alguma informação comprometedora até mesmo a respeito dos sarracenos.

Estariam os Templários chantageando o mundo ou seriam simplesmente uma ideia dinâmica cujo tempo havia chegado? Se eles soubessem mesmo de alguma coisa, o que seria isso? O que teriam desenterrado naquele local lendário, onde segundo se diz o céu e o inferno tocam a Terra? Que segredo tão fundamental Hughes de Payen e André de Montbard teriam compartilhado com o futuro São Bernardo e com a família St. Clair para serem recompensados com um cheque em branco assinado pelos senhores do mundo? Será que esse objeto, essa informação, esse tesouro foi destruído com eles? Será que o *segredo* se perdeu?

Essas perguntas têm sido tema de especulação há setecentos anos. Nos últimos anos, vários livros que estiveram entre os mais vendidos teorizaram que o tesouro seria um evangelho perdido ou alguma coisa relativa a Jesus e ao início da história da Igreja como, por exemplo, documentos ou artefatos provando que Jesus tinha um irmão gêmeo ou que havia sido casado e tido filhos. Alguns acreditam que os Templários descobriram a Arca da Aliança, o Santo Graal, a cabeça mumificada de João Batista ou o comprovadamente *não* ressuscitado corpo de Jesus Cristo. Segundo uma especulação mais recente, eles teriam encontrado as tábuas de ouro de Maroni, que depois viriam para o Novo Mundo para serem descobertas por Joseph Smith, o profeta mórmon. Um filme de sucesso sugere que eles encontraram um genuíno tesouro obsoleto de antigos artefatos, ouro e prata.

Seja qual for a natureza do segredo, a especulação de que ele não se perdeu com a destruição aparentemente total dos Templários cria nova vida quando ficamos sabendo que, quando a sorte mudou na quarta-feira, 11 de outubro de 1307 (apenas dois dias antes da prisão universal dos Templários), uma frota de navios templários saiu silenciosamente do porto de La Rochelle e nunca mais foi vista. Os historiadores maçônicos franceses não fazem segredo do seu destino – Escócia.

O mistério da descoberta dos Templários (se é que descobriram alguma coisa) tem enlouquecido os homens há quase mil anos. Não estou exagerando. O mito templário tornou-se uma obsessão devastadora e doentia para algumas pessoas que, ao tornar públicas as suas conjecturas impensadas e paranoicas, expõem ao escárnio e ao ridículo os esforços de pesquisadores e estudiosos legítimos.

Falando por intermédio de um dos personagens no romance *O Pêndulo de Foucault*, Umberto Eco faz a seguinte observação, totalmente verdadeira:

> Para ele, qualquer coisa prova qualquer coisa. O Maníaco é todo *idée fixé* e tudo o que ele depara confirma a sua mania. Você o reconhece pelas liberdades que toma com o senso comum, pelos lampejos de inspiração e pelo fato de que, mais cedo ou mais tarde, traz à baila os Templários.

Tenho consciência de que, ao escrever este livro, corro o risco de cair na categoria acima. Mas tenho que correr o risco porque seja o seu tesouro secreto real ou lendário – seja a ligação deles com a Maçonaria histórica ou apenas tradicional –, quando se trata de magia, da Francomaçonaria e da Chave de Salomão, os Templários têm mesmo... *alguma coisa a ver com tudo*.

Capítulo 7
O segredo dos Templários?

"Ao escrever a vida do Rei Salomão de um ponto de vista maçônico, é impossível omitir uma referência às lendas que têm sido preservadas no sistema maçônico. Mas o escritor que, com esta nota preliminar, as incorpora ao esboço que faz da carreira do sábio Rei de Israel, não deve de modo algum ser considerado responsável pela crença na sua autenticidade."

– Albert G. Mackey, M.D. 33º [25]

Vamos voltar agora ao Rei Salomão. Embora a princípio isso possa não parecer óbvio ao leitor, a pessoa do sábio Rei é um elemento vital da lendária ligação da Maçonaria com os Cavaleiros Templários e com o tesouro secreto que eles supostamente possuíam. Vimos rapidamente o que a Bíblia, outros livros religiosos e As Mil e Uma Noites nos dizem sobre Salomão, o rei e o mago. Agora, vamos examinar o que sabemos exatamente sobre o Rei Salomão histórico.

Nos últimos dois milênios, a civilização ocidental tem confiado na Bíblia como fonte de informação histórica. Nas suas páginas veneráveis desenrola-se a história humana, da criação do céu e da Terra às intrigas políticas do Império Romano. Foi o primeiro livro impresso pelo novo

---
25. *Op. cit.*, p. 697.

processo de tipos móveis nos anos de 1450 e, nos séculos seguintes, a grande maioria dos europeus que aprendeu a ler e a escrever fez isso com o único propósito de estudar a Bíblia. Era mais do que um livro. Era *o* livro. Ocorria a muito poucos dos nossos ancestrais alfabetizados (e quase alfabetizados) questionar a exatidão da Bíblia ou (valha-me Deus) desafiar a sua autoridade. Era universalmente aceito que tudo o que estava escrito na Bíblia era verdade – a infalível Palavra de Deus.

Inversamente, tudo o que não era encontrado na Bíblia não era considerado verdadeiro. Em nenhuma parte da Bíblia lemos, por exemplo, que a Terra gira em torno do Sol ou que os outros planetas são mundos com luas que giram em torno deles. A Bíblia foi bem-sucedida em estabelecer a si mesma como a própria autoridade interna inquestionável – a Palavra de Deus porque o livro nos diz que é a Palavra de Deus –, é um livro verdadeiro porque o livro nos diz que é verdadeiro – um livro em que temos de acreditar porque é isso o que o livro nos diz. Durante quase todos esses anos que chamamos de era moderna, a Bíblia disse isso. E nós acreditamos nisso. E isso ficou estabelecido!

Essa atitude pode ser admirável para um devoto religioso diante de um documento espiritual. Mas não é uma atitude realista para um sério estudioso de História.[26]

Além do que está escrito na Bíblia, o que sabemos sobre as glórias e conquistas militares e políticas do Rei Davi e sobre o fabuloso reino do Rei Salomão? Que registros de um império que ia do Eufrates ao Egito foram descobertos e preservados? Que ruínas ou escavações arqueológicas podemos visitar para ver os restos do magnífico Templo de Salomão ou dos palácios luxuosos que ele construiu para as suas mulheres – estruturas muitas vezes maiores que o templo? Que museus exibem os elmos, as armaduras, as espadas e os carros de batalha do exército que conquistou os filisteus, os assírios e os egípcios? Onde podemos examinar a arte dos vasos sagrados do templo? Que arqueólogo descobriu a tumba de Davi ou de Salomão, ou uma tábua inscrita com os seus nomes ou com o nome

---

26. Faço uma pausa para observar que a história documentada da Maçonaria começa em 1717, no auge do movimento intelectual conhecido como Iluminismo – uma época em que a razão e o método científico estavam afrouxando as amarras da superstição e da fé cega.

de um dos seus parentes ou companheiros, tão explicitamente descritos na Bíblia?

Para muita gente, pode ser difícil acreditar, mas não há nenhuma evidência arqueológica que ofereça o mais leve indício de que Davi, Salomão ou os reinos dourados de Israel de fato existiram. Nenhuma menção ao nome de Davi[27] ou Salomão foi encontrada na enorme quantidade de inscrições mantidas pelos egípcios e pelos assírios, que sobrevivem até hoje, ou das nações vizinhas, que foram supostamente derrotadas em batalha e que pagaram durante anos pesados tributos a Salomão; nenhum artefato grande ou pequeno desse poderoso exército israelita; nenhum objeto artístico; nenhuma carta endereçada a Davi ou a Salomão ou escrita por um deles, nenhuma menção a eles na correspondência dos reinos vizinhos.

Outra ausência notável é a de qualquer anotação a respeito de sete anos de impostos e taxas referentes ao trabalho de 183.000 trabalhadores, como sugere a Bíblia, recrutados localmente e em países estrangeiros – documentos que deveriam certamente ser encontrados em abundância entre os registros remanescentes daquela época.

Considerando que a Terra Santa é uma área do mundo onde há séculos são feitas escavações que já revelaram milhares de artefatos que atestam a existência e estabelecem a cronologia de acontecimentos de culturas antigas, até mesmo pré-históricas, não é quase inconcebível que reinos tão celebrados e governantes tão poderosos como Davi e Salomão permaneçam completamente invisíveis para a exploração arqueológica?

Entendo que para alguns leitores isso tenha um tom desconfortável de heresia. Por favor, não me entendam mal. Acredito na possibilidade de um dia aparecerem evidências que sustentem esses relatos bíblicos. Estou só apresentando um fato que qualquer pessoa objetiva, disposta a fazer uma pesquisa honesta, descobrirá sozinha; ou seja, depois de séculos de escavações e pesquisas imparciais, não há até agora nenhuma evidência concreta

---

27. Recentemente, depois de receber muita atenção da mídia, descobriu-se que uma placa com referências ao *rei da Casa de Davi*, supostamente criada pelo Rei Hazael de Aram-Damasco, era na verdade uma fraude. O suposto descobridor era o mesmo criminoso que tinha sido preso por forjar uma inscrição do nome de Jesus num ossário do século I. Ver *The Christian Science Monitor*, 19 de junho de 2003.

que sugira que o Rei Davi, o Rei Salomão ou o seu magnífico templo em Jerusalém tenham sequer existido.

Dito isso, quero que vocês considerem a possibilidade de que, na Jerusalém do século XII, os primeiros Cavaleiros Templários – homens inteligentes e motivados que tiveram a oportunidade exclusiva de escavar o suposto local do Templo do Rei Salomão – também não encontraram *nenhuma evidência concreta* da existência do Rei Davi, do Rei Salomão ou do seu templo.

Qualquer número de descobertas poderia tê-los levado a concluir que a história bíblica era, na melhor das hipóteses, duvidosa. Talvez suas escavações tenham revelado a impossibilidade de existir um alicerce para esse tipo de edifício naquele local ou nas proximidades; talvez tenham encontrado placas ou inscrições provando incontestavelmente a verdadeira história da região – poderiam ser milhares de itens diferentes, como artefatos, documentos ou fragmentos de informações. O que quer que fosse, qualquer prova (como especialistas modernos imparciais quase universalmente afirmam) de que o Rei Davi, o Rei Salomão e o Templo descritos na Bíblia nunca existiram, reduziria a uma fantasia toda a base literária da história da Terra Santa anterior ao século VI AEC.[28]

Como uma pedra angular literária colocada exatamente no meio da cronologia da narrativa bíblica judeu-cristã, a história de Davi e Salomão liga e apoia as narrativas do Antigo e do Novo Testamento. Se essa pedra angular for removida, não apenas a integridade histórica de grande parte do Antigo Testamento ruirá, como uma faceta importante das credenciais de Jesus, no Novo Testamento, será também radicalmente alterada. Afinal de contas, para provar que o nascimento de Jesus tinha sido profetizado no Antigo Testamento – que ele era o Messias e herdeiro do trono de Davi em Israel – os Evangelhos não medem esforços para demonstrar que Jesus era descendente direto de Davi e Salomão.

Retirar essa pedra angular seria perturbador também para os devotos muçulmanos que, apesar das diferenças, consideram-se um dos *Povos do Livro*, como os judeus e os cristãos. O que aconteceria com as tradições islâmicas que supostamente tiveram origem nesse mesmo passado da história bíblica?

---

28. *Ver* Capítulo 9.

No século XII, revelações tão esmagadoras para a fé fariam evaporar a autoridade da Igreja e reduziriam a cinzas o conceito do direito divino dos reis que era, há milhares de anos, o fundamento da ordem social na Europa e no Ocidente em geral.

Isso teria virado o mundo de cabeça para baixo.

Esse seria o segredo mais perigoso do mundo.

Capítulo 8

O segredo mais perigoso do mundo

"Três podem guardar um segredo se dois deles estiverem mortos."

– Benjamin Franklin (francomaçom)

Será que estou sugerindo que o segredo dos Templários – o segredo mais perigoso do mundo – era a prova de que a Bíblia é historicamente falsa? De certo modo, sim – só que isso não é assim tão simples. Em primeiro lugar, no século XII existiam poucos exemplares da Bíblia (como a conhecemos hoje). Havia um número bem pequeno de pessoas que conseguia ler uma Bíblia e um número menor ainda capaz de avaliar o que a Bíblia é e o que ela não é. Para a grande parte dos europeus, era a Igreja, não a Bíblia, que ditava os princípios da sua fé.

Se os primeiros templários acreditavam que estavam de posse dessa informação potencialmente explosiva, isso os poria numa situação muito difícil. Afinal, a quem eles poderiam ameaçar com a revelação do segredo? Quem, além de um punhado de clérigos e nobres, teria condições de apreciar essa informação e suas titânicas implicações? No século XII, não tinha como os Templários *irem a público*. Não havia jornais, nem rádio, nem televisão, nem livros (pelo menos nenhum que a maioria dos europeus conseguisse ler), nem repórteres investigativos. A Igreja tinha o monopólio da instrução, da alfabetização e do pensamento – ela controlava a História.

Embora pareça óbvio que a Igreja tenha ficado intimidada com o que os Templários descobriram, teria sido fútil confrontar diretamente a sua autoridade onipotente.

Isso teria colocado os primeiros Templários numa posição de perpétuo perigo. O seu segredo os teria isolado do mundo inteiro – pelo menos do mundo representado pelas religiões judaica, cristã e islâmica – religiões que veneravam certos livros da Bíblia – religiões que deviam a sua própria existência ao fato de seus adeptos acreditarem tanto que eram descendentes de certos personagens bíblicos como na veracidade histórica das narrativas bíblicas. O segredo mais perigoso do mundo era também a heresia mais blasfema do mundo.

Os primeiros Templários pouca escolha teriam além de esconder o jogo, pouca escolha além de aguardar, reunir forças e procurar outros na Terra Santa que também soubessem da verdade – outros que estivessem

Davi Castigando os Amonitas, de Gustave Doré.
Seria isso apenas uma fábula?

exilados da ortodoxia por causa de suas crenças – outros que soubessem como sobreviver – outros, como a Ordem Ismaelita dos Assassinos, que já tivessem estruturado a própria sociedade secreta para se proteger e proteger os seus interesses.

Os Templários ficariam na Palestina e aprenderiam com os nativos – os remanescentes dos cultos esotéricos judaicos, os primeiros cristãos e os heréticos místicos do Islã. Assimilariam as mil maravilhas e novas ideias que passavam como caravanas pela encruzilhada do mundo que era a Jerusalém do século XII. Provariam iguarias inusitadas, ouviriam músicas que desconheciam e entrariam em contato com histórias e filosofias de cuja existência nem suspeitavam. Em pouco tempo, seriam os ocidentais mais *orientalizados* do mundo – homens que enxergavam o contexto geral da vida e da cultura – homens que sonhavam sonhos maiores do que os dos seus contemporâneos – homens que tinham provado o fruto proibido do conhecimento – homens cujos olhos se abriram e eles se tornaram como deuses.

Capítulo 9

Mas os maçons amam a Bíblia

"Eu não me sinto obrigado a acreditar que o mesmo Deus que nos dotou de senso, razão e intelecto tenha nos destinado a renunciar ao seu uso."

– Galileu Galilei

"Não são as partes da Bíblia que não entendo que me incomodam, mas as partes que entendo."

– Mark Twain (francomaçom)

Entendo que para muita gente é difícil, senão impossível, considerar a possibilidade de a Bíblia não ser tudo o que se acredita que ela é. A Bíblia tornou-se o livro mais conhecido do mundo. É hoje universalmente venerada pelos fiéis como a infalível Palavra de Deus. Ocorre a poucos questionar a sua santidade ou a sua autenticidade. Num mundo que ficou infernalmente louco, buscamos conforto no fato de que a fé dos nossos pais é a única coisa que permanece sólida e imutável. Para a maioria de nós seria inimaginável sugerir que, talvez nestes últimos 2.500 anos, a fé dos nossos pais possa ter sido uma das principais razões que tornaram o mundo infernalmente louco.

Na superfície, a Maçonaria parece estar vigorosamente em desacordo com essa visão. Afinal de contas, a Bíblia é muito importante para a Maçonaria. Como Capelão da minha Loja, dou a seguinte instrução ao Maçom Aprendiz Admitido recém-iniciado:

> Como maçom, você tem que ter o Livro da Lei Sagrada como a grande luz da sua profissão, considerá-lo como padrão infalível de verdade e justiça e regular as suas ações pelos preceitos divinos que ele contém.

O livro a que me refiro como *Livro da Lei Sagrada* nessa parte do ritual é, em geral, uma grande Bíblia que repousa sobre o altar em que o candidato faz o seu juramento solene para a fraternidade. Digo *em geral* porque nem todos os maçons são cristãos ou judeus. Como já vimos, não é pedido aos candidatos à iniciação maçônica que se identifiquem como membros de alguma fé em especial; eles têm apenas que professar a crença num Ser Supremo e em algum tipo de vida após a morte. Na iniciação, os candidatos prestam juramento sobre qualquer livro sagrado que aceitem como o *Livro da Lei Sagrada*.

Embora a expressão *Livro da Lei Sagrada* seja empregada com mais frequência no ritual maçônico, as palavras *Bíblia Sagrada* são usadas no ritual quando o livro é descrito como uma das *Três Grandes Luzes da Maçonaria* (sendo que as duas outras Grandes Luzes são os símbolos mais conhecidos do Ofício: o Quadrado e o Compasso).

Parece haver um conflito de tradições nesse ponto. Essa reverência pela Bíblia Sagrada parece colocar a Maçonaria em desacordo com um hipotético *segredo* Templário que ameaçasse provocar uma grande falha na credibilidade da Bíblia. Mas vamos examinar melhor o que diz a instrução e como ela o diz.

O maçom tem que ter no *Livro da Lei Sagrada* a *grande luz* em sua *profissão* e o *padrão infalível de verdade e justiça*. Ele é aconselhado a nortear as suas ações pelos preceitos divinos que ele contém. São instruções admiráveis e eu não estou sugerindo que a Bíblia (ou outro *Livro da Lei Sagrada*) não seja uma fonte rica e sagrada de orientação e inspiração espiritual. No entanto, elas não obrigam o maçom a aceitar o *Livro da Lei Sagrada* como um livro de História objetivo. Além disso, como já observei, os textos da

Bíblia ou alusões a histórias bíblicas que aparecem eventualmente em palestras maçônicas se referem apenas a lições da Maçonaria, livres de interpretações e doutrinas sectárias.

Pode ser que os maçons em sua maioria acreditem que a Bíblia seja historicamente correta, mas não chegaram a essa conclusão por causa de alguma coisa que aprenderam na Maçonaria, e sim devido a convicções religiosas preexistentes. Aqui há algo mais, algo que me atingiu como uma martelada na cabeça na noite em que fui elevado ao Grau Sublime de Mestre Maçom.

Não estou quebrando nenhum voto de segredo ao compartilhar com vocês que a cerimônia desse grau gira em torno da história do Rei Salomão e da construção do seu templo. Uma parte vem diretamente da Bíblia e conta a história do Rei Davi de Israel e do seu filho, Salomão, que construiu o magnífico Templo de Deus com a ajuda do seu vizinho, o Rei Hiram de Tiro, e do mestre construtor Hiram Abiff.

A maior parte, no entanto, se refere a uma história *não* bíblica – um mito dramático exclusivo da Maçonaria – sobre Hiram Abiff, o mestre construtor. Conta-se que, quando o templo de Salomão já estava quase pronto, Hiram foi abordado por três trabalhadores que exigiram dele prematuramente a *palavra* secreta de um Mestre Maçom, que lhes garantiria a liberdade de viajar livremente para países estrangeiros[29] e o direito de serem remunerados como Mestres. Hiram, é evidente, recusou-se e foi assassinado. Chocados com a sordidez do próprio ato, os bandidos esconderam apressadamente o corpo do Grão-Mestre no monte de entulho do templo. Mais tarde, eles o desenterraram e o enterraram em outro lugar. No fim, os vilões foram presos e levados ao Rei Salomão. Acabaram confessando e foram sumariamente executados. Salomão e o Rei Hiram de Tiro localizaram o túmulo, *elevaram* o corpo e o levaram de volta a Jerusalém para ser finalmente enterrado sob o Santo dos Santos do Templo.

Essa é uma lenda maravilhosa, que lembra a história de Osíris e os mitos do deus agonizante, presentes em várias culturas antigas e tradições de mistério. No entanto, essa história não é encontrada na Bíblia e certamente não é verossímil do ponto de vista histórico. (Um corpo impuro en-

---

29. A liberdade de viajar livremente seria um dos privilégios exclusivos dos Cavaleiros Templários e dos pedreiros medievais construtores de templos.

terrado no Santo dos Santos do Templo judaico? Acho que não!). Ainda assim, a encenação desse drama é um momento sagrado da Maçonaria, acontecendo em meio a uma solenidade profunda, quase religiosa.

De maneira sutil, a cerimônia do Terceiro Grau dá ao novo maçom permissão para meditar (talvez pela primeira vez na vida) sobre a existência de verdades mitológicas sagradas fora dos estreitos limites da narrativa bíblica. Para outros (que meditam sobre uma possível ligação entre a Maçonaria e os Templários), a cerimônia sugere também, de maneira não tão sutil, que alguma coisa pode ter sido enterrada sob o Santo dos Santos do Templo – não o templo fictício de Salomão, mas a ruínas reais do Templo de Herodes o Grande, do século I AEC. Modernos caçadores de tesouros templários chegam até a sugerir que o mito maçônico aponta para alguma coisa enterrada sob a Capela de Rosslyn,[30] cuja base copiaria em escala a do Templo de Herodes.

Com essa cerimônia suprema, a Maçonaria se empenha para fazer com que a atenção do candidato se volte para a Bíblia, especialmente para a história bíblica de Davi e Salomão, e então quase imediatamente muda o foco para uma dramática versão não bíblica da história, quase como se dissesse: "Sabe aquelas histórias bíblicas sobre Davi, Salomão e o Templo? Há alguma coisa oculta nessas histórias. Você talvez queira procurar.

A Maçonaria pede aos seus membros (a todos eles) que usem o *Livro da Lei Sagrada* como a *Grande Luz em sua profissão*. A pergunta que poucos fazem, no entanto, é quando um pedreiro profissional* mais precisa de luz. A resposta é óbvia. Pedreiros precisam de luz quando cavam, quando escavam, quando exploram, quando procuram trazer à luz coisas escondidas sob a superfície.

Já vimos o que encontramos quando cavamos sob a superfície da história do Rei Salomão e da construção do seu templo. A Maçonaria chama a nossa atenção para uma outra história bíblica, que envolve os acontecimentos que se seguiram à destruição do Templo de Salomão. É a história

---

30. A Capela Rosslyn foi construída em meados do século XV por Sir William St Clair, Conde de Orkney e notório descendente de Hughes de Payen, um dos nove Cavaleiros Templários originais.

* As palavras *mason* [inglês] e *maçon* [francês] significam também *pedreiro*, sendo os maçons também chamados de pedreiros-livres. (N. da trad.)

dos filhos de Israel que foram levados cativos para a Babilônia, tendo voltado para Jerusalém setenta anos depois para reconstruir a cidade e o chamado Segundo Templo. Vamos nos deter por um momento para examinar essa história e ver o que encontramos quando voltamos a luz da Bíblia sobre ela mesma e escavamos sob a superfície.

Primeiro, temos que determinar exatamente onde a narrativa bíblica começa a cruzar a História objetiva, verificável. Quais são as raízes históricas do Judaísmo (e também do Cristianismo e do Islã)? Os pesquisadores modernos têm algumas respostas surpreendentes para essas perguntas. Se os cavaleiros tiveram razões para tirar as mesmas conclusões, eram mesmo os guardiões do segredo mais perigoso do mundo.

Vamos começar com um lugar e com uma época sobre os quais parece que a maioria está de acordo. Há pouca discussão entre os historiadores seculares e os estudiosos da Bíblia a respeito da existência e da vitalidade do Judaísmo como era praticado na Palestina durante o século I AEC e a maior parte do século I EC. Nenhum historiador digno de crédito ousaria negar a existência do Rei Herodes o Grande (73-74 AEC), do seu magnífico Templo em Jerusalém, dos sacerdotes que ministravam os sacrifícios, da influência de seitas como as dos saduceus, dos fariseus e dos essênios, todos os quais veneravam textos da escritura que definiam a sua visão do Judaísmo e ditavam com exatidão as leis divinas e as regras de comportamento dessa religião magnífica.

Entre esses textos destacam-se cinco livros: Gênesis, Êxodo, Levítico, Números e Deuteronômio (o Pentateuco), livros que contêm narrativas que relatam a história do universo, da humanidade e dos filhos de Israel. Segundo a tradição, o Pentateuco foi escrito pelo próprio Moisés, por volta de 1280 a 1250 AEC (quando, segundo historiadores da Bíblia, teria ocorrido o êxodo do Egito), e fazia parte do conteúdo misterioso da poderosa e perigosa Arca da Aliança. Vamos examinar rapidamente esses cinco livros de Moisés e tentar entrever o que são, quem os escreveu e onde termina a história bíblica e começa a História objetiva.

O Gênesis começa com a história da criação do mundo e da humanidade. Delineia a nossa árvore genealógica e os grandes acontecimentos que ligam Deus ao seu povo – começando com Adão e Eva e a *queda do homem*, passando por Noé e o dilúvio universal, por Abrão (que instituiu a mutilação do pênis para distinguir a sua família e o seu povo) e seus filhos, Ismael (pai dos árabes) e Isaque (pai dos judeus), pelos filhos gêmeos de Isaque, Esaú (que segundo a Bíblia Deus odiava antes que tivesse nascido) e Jacó (que Deus amava), e que mais tarde recebeu o nome de *Israel*.

Então vem José, o filho de Jacó/Israel que foi vendido como escravo pelos irmãos ciumentos, mas depois mostrou a eles do que era capaz tornando-se um figurão no Egito. José então, num ato de afável magnanimidade, faz com que Israel, seu pai, e a família inteira (os filhos de Israel)[31] vá para a terra do Faraó para fugir da fome terrível.

O livro do Êxodo prossegue com as aventuras da família de Israel no Egito. Por algum tempo, tudo é maravilhoso. Alimentados pela abundância do Egito, os setenta filhos de Israel se multiplicam exuberantemente e em algumas poucas gerações já eram uma população numerosa. Mas seguiram-se alguns anos de fome na região e eles se tornaram um fardo econômico para os recursos minguantes do Egito. Numa perseguição implacável, o novo Faraó (que não tinha conhecido José) ordena que os primogênitos hebreus sejam mortos. A mãe do bebê Moisés o coloca numa cesta, que põe a flutuar no rio Nilo, perto de onde a filha do Faraó se banhava. Ela encontra o bebê e o cria como seu fosse seu filho. Moisés (como José, muitos anos antes), torna-se um príncipe do Egito.

A história de Moisés é cheia de drama e emoção. Ele descobre a sua verdadeira identidade, mata um egípcio, é banido para o deserto, tem um breve encontro com Deus e recebe poderes mágicos que trazem pragas e maldições sobre o Egito (incluindo a morte de todos os primogênitos egípcios). Finalmente, Moisés recebe permissão para tirar os filhos de Israel do Egito.

Nos três livros seguintes, Levítico, Números e Deuteronômio, Moisés conduz os filhos de Israel durante quarenta anos de peregrinação pelo deserto, durante os quais eles invadiram vilas e cidades. Nesse período, ele recebe os Dez Mandamentos, constrói a Arca da Aliança (e um Tabernáculo portátil para ela), condena à morte vários membros da congregação por defenderem ideias erradas, escreve as suas memórias (o Pentateuco), codifica leis e institui formas de adoração e sacrifício, que o povo deve observar

---

31. Com o risco de reafirmar o óbvio – a expressão *filhos de Israel* se refere aos descendentes de Jacó/Israel, não aos antigos habitantes de uma nação de Israel geográfica.

para agradar a Deus. Finalmente, depois de uma geração de existência nômade, Moisés mostra aos filhos de Israel onde Deus lhe havia dito que eles tinham de massacrar os nativos e se estabelecer – mais ou menos a área genericamente conhecida como Palestina.

O Livro de Josué, que vem depois do Pentateuco, continua a narrar as aventuras dos filhos de Israel (agora identificados como uma vaga confederação de doze tribos) à medida que conquistam a *terra prometida* e se estabelecem, mas são os cinco livros de Moisés que definem a identidade judaica como povo, cultura e entidade religiosa.

Outros livros do "Antigo Testamento" (reverenciados tanto pelos cristãos como pelos judeus) continuam a narrar a história da vida na Terra Prometida: os filhos de Israel foram governados durante algum tempo por uma série de juízes até que um grande rei, Saul, ergueu-se do meio deles para uni-los politicamente. Saul foi sucedido por Davi. Depois veio Salomão e então uma série de reis menores e quase todos desprezíveis, que desuniram a nação até ela sucumbir a uma série de conquistas. A pior delas foi conduzida por Nabucodonosor, cujos exércitos destruíram o Templo de Salomão e levaram os habitantes de Judá como cativos para a Babilônia.

Os livros contam então uma história muito usada nos Ritos Maçons – o Escocês e o de York – que tem uma estranha semelhança com a história de Moisés e o êxodo do Egito. Só que, nesse caso, o êxodo é da Babilônia. Depois de setenta anos de cativeiro, os filhos de Israel tiveram permissão para voltar a Jerusalém para reconstruir o Templo do seu Deus e viver uma vez mais na própria terra. Infelizmente, passadas apenas duas gerações, os habitantes da Palestina já não sabiam mais quem eram esses filhos de Israel que voltavam para casa. Eles se sentiram melindrados com a presença deles e os consideravam como invasores estrangeiros.

O profeta Neemias e o influente escriba Ezra parecem ter colaborado para organizar a volta dos filhos de Israel para a Palestina. Afirmavam que era essencial reconstruir o templo, de maneira a reestabelecer a identidade cultural do povo na região. Segundo a Bíblia e a tradição maçônica, os escavadores e os outros trabalhadores tinham que trabalhar com a pá numa das mãos e a espada na outra para repelir os habitantes descontentes, cujos pedidos para participar do projeto de construção tinham sido rudemente negados pelos que haviam retornado.

Durante a escavação das ruínas do templo de Salomão, os trabalhadores descobriram, numa câmara subterrânea, um rolo de pergaminho contendo os cinco livros de Moisés, que nenhum deles tinha lido. Esse acontecimento é o tema central do Grau do Arco Real do Rito de York, em que um oficial representando o trabalhador é baixado por uma corda na câmara escura, pega o pergaminho e dá a emocionante notícia:

> Encontrei também este pergaminho, mas... não consegui ler o seu conteúdo. Fiz então o sinal combinado e fui puxado para fora da câmara, trazendo o pergaminho comigo. Descobrimos então, logo na primeira frase, que ele continha os registros da Lei Sagrada, anunciada por Moisés aos pés do Monte Horebe.[32]

Percebendo a importância da descoberta, Ezra o escriba mandou erguer uma plataforma alta, de onde pudesse falar para a multidão. Fez com que todos os que tinham voltado da Babilônia se reunissem diante dele e anunciou que o *Livro da Lei* tinha sido redescoberto. Começou então a ler em voz alta os cinco livros de Moisés.

Numa das cenas mais pungentes e dramáticas do Antigo Testamento, os filhos de Israel ouvem pela primeira vez em suas vidas as palavras de Deus vindas do próprio livro de Deus. Ficam sabendo quem são e de onde vieram. Que eles eram o povo escolhido de Deus. Que eram descendentes de Adão e Eva, Abraão, Isaque e Jacó (Israel). Ouvem pela primeira vez a história de José e da escravidão no Egito – de Moisés e do êxodo –, uma história com a qual cada um deles se identifica porque acabaram de sair da escravidão na Babilônia. Ficam sabendo que vagaram pelo deserto e como Moisés lhes havia dado as leis de Deus e as formas de adoração e sacrifício. Ficam sabendo que Deus os ama e lhes havia dado essa terra porque eram os descendentes de Isaque e Jacó/Israel, e que Deus odeia os habitantes locais, infelizes e ressentidos, porque são os descendentes de Ismael e Esaú (um homem grosseiro e peludo que trocou o seu direito de primogenitura[33] [e qualquer futura pretensão à terra] com Jacó/Israel por um prato de lentilhas).[34]

---

32. Do Grau do Arco Real, da Maçonaria.
33. Gênesis 25, 25.
34. Gênesis 25, 34.

Depois dessa leitura do Pentateuco, o povo se tornou unido em espírito e propósito. O novo Templo foi construído, uma das tribos (Levi) foi escolhida entre todas para ser a classe sacerdotal, as Leis de Moisés foram instituídas e postas em prática, os sacrifícios, práticas e tradições da antiga religião foram retomados e o povo recuperou a sua identidade espiritual.

Ironicamente, essa cena bíblica dramática e pungente raramente é tema de sermões (e que eu saiba nunca foi tema de um filme). A Maçonaria, por outro lado, faz com que seus membros pensem bastante sobre ela.

É nessa época (cerca de 539 AEC, quando evidências históricas confirmam que Ciro o Grande da Pérsia conquistou a Babilônia e começou a deportar e a reassentar os descendentes dos cativos estrangeiros de Nabucodonosor) que a história empírica começa a fazer alusões à presença de um povo judeu cujo centro de adoração é um templo em Jerusalém. Antes disso,[35] há apenas silêncio a respeito dos filhos de Israel. Nossa única evidência de Abrão, Isaque, Ismael, Jacó/Israel, Esaú, José (e o cativeiro no Egito), Moisés (e o êxodo), Josué (e a conquista da Palestina) e os reinos de Saul, Davi e Salomão, é a Bíblia – e nesse caso a Bíblia é evidentemente historicamente não confiável.

Thomas L. Thompson, professor de Antigo Testamento da Universidade de Copenhagen, escreve...

> Ao escrever sobre o desenvolvimento histórico da Palestina entre 1250 e 586 AEC, todas as explicações tradicionais sobre as origens e o desenvolvimento de Israel tiveram que ser descartadas. Os patriarcas do Gênesis não eram históricos. A afirmação de que "Israel" já era um povo antes de entrar na Palestina, seja nessas histórias ou nas de Josué, não tem fundamento histórico. Nenhuma campanha militar de "israelitas" nômades jamais conquistou a Palestina. Nunca houve uma população "cananeia" etnicamente distinta que os "israelitas" tenham desalojado. Não há na história um "período dos juízes". Nenhum império com sede em Jerusalém formou uma "monarquia unida". Nunca existiu uma nação "israelita" etnicamente coerente... Na His-

---

35. Há, no entanto, evidências arqueológicas que confirmam a existência e tradições de um povo próximo, os samaritanos, durante esse período.

tória, nem Jerusalém nem Judá compartilharam uma identidade com Israel antes do reino dos hasmoneus no período helenístico.[36]

Os *hasmoneus* a que Thompson se refere eram uma família sacerdotal chamada Macabeus que conduziram uma bem-sucedida (e historicamente comprovável) rebelião contra os reis selêucidas da Síria no século II AEC e estabeleceram um reino judaico autônomo que existiu até 67 AEC, quando a área foi anexada pelos romanos.[37]

Então, a questão seguinte é, quem escreveu os livros da Bíblia dos quais essas histórias se originaram? E a resposta é simples. Não sabemos. É claro que muitos escribas e autores participaram. Muitos tradicionalistas acreditam que o profeta Jeremias escreveu pelo menos parte desses textos, mas a tradição judaica, São Jerônimo e muitos estudiosos modernos pensam que Ezra o escriba (ou a pessoa ou pessoas que escrevem como Ezra/Neemias) organizou e estilizou grande parte do Pentateuco e vários outros livros do Antigo Testamento, incluindo Josué, Juízes, Samuel, Reis e Crônicas, não antes do século VI AEC. Muitos estudiosos seculares concordam a respeito do século VI, mas sugerem também que o mesmo autor (ou autores) escreveu o Pentateuco e teve ao menos uma participação na compilação e edição dos livros das Crônicas e dos Reis, e de vários outros livros do Antigo Testamento.

Há literalmente centenas de complexas teorias sobre quem teria escrito os livros do Antigo Testamento, mas a maioria parece apontar para a pessoa (ou pessoas) conhecida na Bíblia como Ezra. Além disso, quase todas as teorias concordam que só é possível rastrear essas obras até o século VI AEC. Antes disso, os indícios históricos ou arqueológicos de um povo hebreu unido por uma única religião e ocupando uma nação com sede em Jerusalém são inexistentes. Norman F. Cantor (Professor Emérito de História, Sociologia e Literatura Comparada na New York University, *Rhodes Scholar*, *Porter Ogden Jacobus Fellow* na Princeton University e *Fulbright Professor* na Universidade de Tel Aviv) afirma que:

---

36. Thompson, Thomas L., *Mythic Past, Biblical Archaeology and the Myth of Israel* (NY: MJF Books, 1999), p. 190.
37. Ver Bowker, John, *The Oxford Dictionary of World Religions* (NY: Oxford University Press, 1997), p. 414.

O primeiro milênio da história judaica, como é apresentada na Bíblia, não tem nenhuma base empírica.[38]

Essa é uma declaração e tanto e eu me arrisco a dizer que a maioria dos homens e mulheres de fé do mundo inteiro não acreditaria nela mesmo diante de provas incontestáveis. Seria um golpe psicológico de proporções bíblicas (perdoem-me) para qualquer pessoa cujas convicções religiosas sejam baseadas na historicidade da Bíblia. Seria um golpe maior ainda para a autoimagem e para os interesses geopolíticos das forças políticas envolvidas nos atuais conflitos no Oriente Médio – combatentes que parecem encarar as páginas do Antigo Testamento como uma concessão de títulos de propriedade assinada pelo próprio Deus.

No entanto, o impensável parece ser verdade. Os reinos de Davi e Salomão são fábula, não História. A ideia de doze tribos distintas de *filhos de Israel* com um passado que remonta ao século XIII AEC é provavelmente um conceito engenhoso fabricado no século VI AEC[39] (ou depois) para fornecer uma identidade cultural e religiosa aos descendentes de um agrupamento diverso de pessoas sem nenhuma memória cultural – pessoas cujos ancestrais vieram de doze ou mais regiões conquistadas por Nabucodonosor – pessoas cujos ancestrais foram reunidos pelos acasos dos acontecimentos do mundo e que um dia tiveram que ser transferidas e reassentadas, quando a Babilônia caiu em poder dos persas. Por ser uma área sem a defesa de uma presença militar ou política unificada, a Palestina era uma "terra natal" perfeita para esse reassentamento em massa.

---

38. Norman F. Cantor, *The Sacred Chain* (San Francisco: Harper Perennial, 1995), p. 51.
39. O professor Thompson escreve em *Mythic Past, op. cit.* p. xii: "O argumento contra a historicidade das narrativas patriarcais foi confirmado em 1975 por uma publicação independente do estudioso canadense John Van Seters, *Abraham in History and Tradition* (New Haven, Yale University Press, 1987). O livro de Van Seters levou a discussão ainda mais longe ao mostrar que as histórias bíblicas devem datar do século VI AEC ou mais tarde."

Sob essa "luz", tanto a Bíblia quanto a tradição maçônica levam o investigador racional a pelo menos considerar esse cenário. Se parece impossível que tudo isso tenha ocorrido, basta lembrar dos acontecimentos ocorridos há pouco mais de cem anos envolvendo o profeta norte-america-

Um Torneio Amigável de Gustave Doré.
Os Cruzados e os infiéis presenciam dois cavaleiros se enfrentando num duelo amigável.

no Joseph Smith, o seu sucessor Brigham Young e o "êxodo" do Santos dos Últimos Dias para Utah.

Essa revelação é explosiva e nem todo mundo consegue absorver um golpe como esse. Afinal, ela nos leva a admitir a impensável possibilidade de que, pelo menos em parte, as guerras, os genocídios, o ódio e as cisões que amaldiçoam a civilização ocidental há três mil anos tem sido (e continuam a ser) apenas trágicas discussões que começaram a respeito de nada. A especulação sobre as implicações dessas questões exige o pragmatismo maduro de um verdadeiro adulto espiritual. No entanto, isso não significa necessariamente o fim da fé na "santidade" da escritura.

Sim, provavelmente é verdade que Moisés não escreveu o Pentateuco, que Davi não escreveu os Salmos, que Salomão não escreveu Eclesiastes e nem mesmo os Cantares de Salomão – mas alguém escreveu. A santidade – ou a integridade espiritual desses documentos – não é diminuída de modo algum pela sua falta de confiabilidade histórica. Pergunte a qualquer cabalista. Quem quer que tenha escrito o Gênesis não apenas reuniu e sintetizou os mitos da criação de um punhado de tradições semíticas, mas o fez com a perícia de um matemático iluminado e com a percepção de um gênio poético. Quem quer que tenha escrito os Salmos, Eclesiastes e os Cantares de Salomão era um santo apaixonadamente devoto. Essas obras sempre serão verdadeiros tesouros espirituais para o devoto sincero, mas insistir na sua historicidade é favorecer o seu mau uso por parte de entidades sociais ou políticas que estão sempre prontas para engendrar e perpetuar o medo e o ódio entre as pessoas e as culturas em prol dos próprios interesses.

Para mim, é claro que a Maçonaria, seja por desígnio, acidente ou sincronização, dá a seus filhos a oportunidade de se tornarem, por assim dizer, *adultos espirituais – homens bons tornados melhores* pelo trabalho no Ofício – homens cujo conceito de Deus é grande o bastante para aguentar alguns golpes. Mas, a menos que estejamos cegos pela superstição ou pelo fanatismo, o reajuste de algumas datas e a capacidade de distinguir entre mitologia sagrada e História viável não precisam destruir o lugar das Escrituras no nosso coração como... *um padrão infalível de verdade e justiça.*

Mas a maioria dos maçons é cristã. Poderíamos perguntar agora como os ideais maçônicos se harmonizam com o Novo Testamento. No segundo

Grau da Maçonaria, o Primeiro Diácono, em sua magnífica palestra da Câmara do Meio, desfere o que pode ser considerado um *golpe* na doutrina fundamental do Cristianismo. De pé entre os pilares imponentes do Templo, ele instrui o candidato a prestar "... homenagem racional à Divindade" e lhe comunica a natureza e o significado da Maçonaria Operativa: que *por* esse termo aludimos à "aplicação correta das regras úteis da arquitetura", que essas regras não apenas exibem os efeitos da *sabedoria humana* mas também "... demonstram que um fundo de ciência e diligência é implantado no homem para os *melhores propósitos, os mais salutares e benéficos*".

Que palavras edificantes! Que palavras positivas e animadoras para um bom homem ouvir no início da sua viagem para se tornar um homem melhor. Quem neste mundo discordaria dessas palavras?

Paulo.

O apóstolo Paulo teria discordado violentamente. E acredito que os Cavaleiros Templários acreditavam que tinham todas as razões para discordar veementemente de Paulo.

Capítulo 10

O crucifixo

"Quantum nobis prodest haec fabula Christi."

(*Ele nos serviu muito bem, esse mito de Cristo.*)

– Papa Leão X (1513-1521)

Nunca saberemos detalhes da influência cultural recíproca (se é que houve) entre os Templários, a Ordem Ismaelita dos Assassinos e/ou outras seitas ou filosofias do Oriente Médio. A História informa que, ao longo do século XII, os templários foram guerreiros ferozes e formidáveis que muitas vezes se distinguiram em batalha contra as forças sarracenas. Sabe-se também que durante os anos de ocupação e posterior declínio da presença europeia na Terra Santa, os Templários mantinham esporadicamente relações diplomáticas (ou até de evidente cooperação) com os muçulmanos locais e, devido à facilidade com que os Templários se aclimataram ao ambiente oriental, corriam rumores de uma aliança secreta.

Verdade ou não, na lenda e na imaginação popular (e mais tarde maçônica), os Templários se tornaram quase super-heróis (ou supervilões), mestres das artes mágicas, da Cabala, da invocação de demônios, da alquimia e até mesmo da magia sexual. Várias dessas tradições (que não incluem a magia sexual) são mencionadas sem muita sutileza no Rito de York e no

Rito Escocês da Francomaçonaria, nos quais os graus que fazem referência à volta da Babilônia são fortemente temperados com menções à Cabala e justapostos a cerimônias ligadas aos Cavaleiros Templários.

Obviamente, a Maçonaria não venera os Templários por suas supostas feitiçarias, por serem sodomitas ou por cuspirem em crucifixos. No entanto, sabe-se que eles foram acusados de fazer todas essas coisas (e as confessaram). Ainda assim, o Ofício reverencia essa Ordem desonrada e banida a ponto de institucionalizar o ideal templário para jovens na Ordem DeMolay.

É verdade que, à medida que ficavam mais ricos e poderosos, os Templários ficavam também mais arrogantes. Mas parece que desde o início da Ordem em 1118 até a sua destruição em 1314, os Cavaleiros Templários foram sempre homens de fé que se consideravam cristãos e que acreditavam ardentemente em Deus. Estou sugerindo, no entanto, que o "segredo" que guardavam os impedia de aceitar de coração aberto a autoridade da Bíblia e de certas doutrinas da Igreja de Roma – doutrinas que exigiam dos cristãos fé incondicional em coisas cuja falsidade os Templários descobriram e achavam que podiam provar. Podemos apenas tentar adivinhar quais eram as doutrinas que eles rejeitavam; porém, se há alguma verdade nos testemunhos extraídos sob tortura, podemos concluir que desprezavam especialmente a veneração do crucifixo.

É preciso lembrar que vários cavaleiros confessaram que, para entrar na Ordem, tiveram que cuspir num crucifixo e pisoteá-lo, e que receberam ordens para não adorar o crucifixo. Essa é uma das mais chocantes acusações feitas aos templários pela Inquisição, que muito contribuiu para a sua fama de praticarem a magia negra. No entanto, é preciso lembrar também que há uma profunda diferença entre o símbolo da cruz (que em suas muitas formas tem sido venerado desde a época pré-histórica) e o do crucifixo (uma cruz exibindo um corpo morto e coberto de sangue). É também importante observar que a cruz (uma figura simples com braços iguais) só apareceu na arte cristã em meados do século V EC,[40] e que as cenas da crucificação só apareceram no século VII EC.[41] Antes disso, o símbolo do Cris-

---

40. Encontrada num sarcófago do Vaticano – Ver B. M. Metzger, M. D. Coogan, "The Oxford Companion to the Bible", Oxford University Press (1993), p. 57.
41. Ibid.

tianismo era o peixe, e a imagem mais associada a Jesus era a de um pastor carregando um cordeiro.

Lembrem-se também de que os mesmos cavaleiros confessaram que, na iniciação, diziam-lhes que Jesus foi um homem que morreu como todos os homens. Essa opinião era comum entre os cristãos do século I, incluindo os seguidores de Tiago, o irmão biológico de Jesus, que ensinava, entre outras coisas, que o simples ato de seguir o exemplo de Jesus e pôr em prática os seus ensinamentos era um caminho para a salvação.

Essa não era, no entanto, a visão da Igreja Romana do século XII, que propagava as doutrinas do *pecado original*, da *total depravação do homem* e da iminente *ressurreição física* de todos os corpos enterrados do mundo. Essas doutrinas foram invenção de Paulo – um homem que nunca conheceu Jesus –, um homem com quem a Igreja do século I em Jerusalém (liderada por Tiago) tinha divergências significativas, talvez até violentas.

Durante cerca de quinhentos anos depois da morte de Tiago e Paulo, o Cristianismo ficou emaranhado em grandes conflitos ideológicos. Havia brigas a respeito de quais deveriam ser os princípios fundamentais da fé, o que acabou resultando num amargo embate entre duas facções radicalmente diferentes. O cerne desse conflito era a discordância a respeito de quem era Jesus e do que o tornava importante. Só que o debate não focava diretamente sobre Jesus como Messias ou os seus ensinamentos, mas a pessoa de Adão e a doutrina da *culpa de Adão*, ou *pecado original*.

De um lado estavam os que assumiam a posição da antiga Igreja em Jerusalém, os remanescentes dos seguidores originais de Jesus. Para eles, Jesus era um homem santo, um mestre martirizado, destinado por sua ascendência a ser um rei ou um sacerdote. Quanto ao *pecado original*, acreditavam que Adão só tinha prejudicado a si mesmo e não toda a espécie humana – e que, pecando ou não, ele ia acabar morrendo. Eles acreditavam que os bebês nascem inocentes como era Adão antes do seu grande erro e que a humanidade não precisa de um sacrifício (como a crucificação de Jesus) ou de um milagre demonstrável (como ressuscitar dos mortos) para obter a salvação.

Uma religião baseada nessa premissa fundamental via o Cristianismo como a evolução natural da lei do Antigo Testamento para a nova lei do evangelho. Seria uma fé muito simples, que observava rigorosamente a Lei de Moisés e reverenciava a vida e os ensinamentos de Jesus, o Ungido – uma religião que ensinava que, para obter a salvação, basta seguir o exemplo do Deus Pastor, fazendo o bem e obedecendo ao mandamento que ele considerava o mais importante do Antigo e do Novo Testamento:[42] "Amarás ao Senhor teu Deus de todo o teu coração, e de toda a tua alma, e de todas as tuas forças, e de todo o teu entendimento, e ao teu próximo como a ti mesmo."

Opunha-se a isso uma religião (inventada quase que totalmente por Paulo), que relegava à insignificância os sermões e os ensinamentos fundamentais de Jesus. Os ensinamentos acabaram por se tornar irrelevantes porque Paulo acreditava que (devido à maldição do pecado de Adão) todos nós nascemos culpados e chegamos ao mundo já maculados pelo pecado, condenados a morrer e a sofrer uma eternidade de tormento. Esse pecado de ter nascido não pode ser eliminado por meio de boas ações ou por manter-se fiel a alguma lei. Na verdade, segundo Paulo, só uma coisa pode eliminar a maldição – sangue – o sangue expiatório de um deus feito carne e crucificado.

Essa extensão do tema judaico do sacrifício animal era baseada na confusão metafísica de Paulo dos acontecimentos em torno da execução e da alegada ressurreição de Jesus. Assim como o sangue de um cordeiro era usado nos serviços do Templo para absolver os devotos de certos pecados, Paulo postulava que Jesus era o Cordeiro de Deus e que o sangue do Deus-Homem-Cristo pode (sob certas circunstâncias) nos absolver do pecado de Adão. Segundo Paulo, é isso o que Jesus foi. Segundo ele, é para isso que Jesus veio: não para pregar, não para ensinar, não para servir de exemplo, mas para morrer. O corpo banhado em sangue de Jesus pregado num crucifixo era o símbolo perfeito para esse ato suicida de sacrifício de sangue.

Para que o nosso pecado seja eliminado, Paulo ensinava que temos primeiro que renunciar à nossa autoestima natural confessando conscientemente e verbalmente que (como nascemos pecadores) somos culpados e merecedores da danação eterna. Depois de aceitar essa identidade, temos que acreditar absolutamente que Jesus era Deus encarnado, que veio à Terra para tomar sobre si os sofrimentos que merecemos pelo crime espiritual de ter nascido, e que a sua morte, a sua ressurreição física e sua ascensão corporal ao céu são acontecimentos históricos objetivos.

---

42. Deuteronômio 6, 4 e Lucas 10, 25-28.

A essa fé incondicional, Paulo acrescentou mais uma condição para a salvação – a *Graça de Deus*. O que exatamente é a *graça* continua sendo tema de debate, mas segundo Paulo, nada podemos fazer para obtê-la. Ou a temos ao nascer – ou não. Sem a *graça*, estamos condenados a uma eternidade no inferno, por melhores que sejamos em vida e por mais que acreditemos em Cristo. Para o eleito que goza da *Graça de Deus*, não há crime tão hediondo, não há pecado tão mau que o prive da salvação.

A doutrina de que a salvação não depende das boas ações e do comportamento correto é exclusiva de Paulo, não sendo encontrada em nenhum outro ponto da Escritura.[43] Isso é totalmente contrário ao exemplo da vida de Jesus e às palavras do seu ministério. É a antítese total da posição sustentada por Tiago, o irmão de Jesus, e por sua Igreja em Jerusalém. E estaria em conflito com a doutrina maçônica, segundo a qual "um fundo de ciência e diligência é implantado no homem para os melhores propósitos, mais salutares e benéficos".

Mesmo assim, as doutrinas de Paulo acabariam vencendo, pelo menos para a Igreja Romana. No século V, graças principalmente ao brilhante poder de persuasão de Santo Agostinho de Hipona (354-430 EC), o Cristianismo se transformou em Paulismo. As doutrinas radicais de Paulo, da *total depravação do homem* e do *pecado original*, definiriam a natureza da alma humana durante a Idade Média e seriam o cânone de uma Igreja implacável e poderosa – uma Igreja cujas doutrinas de autorrepugnância eram simbolizadas pelo terrível instrumento intimidante de tortura sádica e de morte – o crucifixo.

Fico grato pela paciência dos leitores por suportarem esta breve excursão pela história da Igreja e pelas reviravoltas do dogma e da doutrina. Não fiz isso para aborrecê-los ou para persuadi-los de alguma maneira nessas questões de fé, que devem ser sempre uma questão de consciência pessoal. Eu o fiz para preparar o cenário, por assim dizer, para o que vou dizer a seguir sobre os Cavaleiros Templários.

---

43. Isaías comparou boas ações a "trapos da imundícia" (o que Paulo citaria mais tarde). Mas quando lemos essa frase em seu contexto, vemos que Isaías estava punindo as pessoas pelo comportamento delas em relação a um determinado acontecimento, e não fazendo um pronunciamento a respeito da natureza fundamental do homem.

Acredito que, na sua iniciação, o candidato a Cavaleiro Templário era mesmo convidado a cuspir num crucifixo e a pisoteá-lo. Acredito que lhe diziam para fazer isso não como um ato de magia negra ou para abjurar a divindade de Cristo, mas para desconsagrar deliberadamente o símbolo do que a Ordem acreditava ser uma perversão monstruosa da verdade – uma mentira nascida de uma cadeia de mentiras que tivera início milhares de anos antes da morte do salvador crucificado – uma mentira que ofendia a razão e o bom-senso – uma mentira que nos fazia odiar a nossa própria existência – uma mentira que cegava as massas da civilização ocidental quanto à profunda beleza espiritual dos ensinamentos e do exemplo do santo homem da Galileia – uma mentira que pregava o espírito e a autoestima da humanidade numa cruz de culpa, medo e vergonha.

Além disso, ouço o eco dessa atitude no antagonismo tradicional da Maçonaria contra a tirania temporal, na sua atitude militante contra a ignorância e a superstição, na sua inimizade legendária pela religião opressiva, na sua exaltação das artes e das ciências, no seu chamado para uma *homenagem racional* à Divindade e na sua afirmação inequívoca da bondade inerente da humanidade.

Sim, acredito que, na sua iniciação, o candidato a Cavaleiro Templário cuspia no crucifixo e o pisoteava. E acredito que, com isso, estava dando o primeiro passo para desafiar a mentira e libertar a própria alma.

Iniciação Templária?
(Montagem de Jody Breedlove - Doré)

Capítulo 11

Feitiçaria

*"Quando os homens param de acreditar em Deus,
não é que não acreditem mais em nada: eles acreditam em tudo."*

– Umberto Eco

A acusação mais ridícula que ainda é feita contra a Maçonaria moderna é, sem dúvida, a de feitiçaria. Basta procurar na internet usando as palavras-chave *Maçonaria* e *magia negra* para ser bombardeado com centenas de *web sites* que acusam o Ofício de tudo, de Satanismo e adoração ao diabo a canibalismo e sacrifício humano. Neste momento, maçons estão sendo condenados, em publicações, como uma raça de demônios descendentes de Caim ou de alienígenas. Minha acusação favorita é a de que somos répteis mutantes que formam um governo mundial secreto, que manda no mundo desde a queda de Adão. Tudo isso seria muito engraçado se não fosse pelo fato perturbador de que muitas dessas pessoas realmente acreditam no que estão dizendo e o seu discurso de ódio, malicioso e mal-informado, vem das mais vis e perigosas regiões do coração humano – dos verdadeiros demônios da ignorância, da intolerância e do antissemitismo.

Temo que seja inevitável que este livro também (por discutir a questão da magia e aspectos controversos da história e da religião) seja tomado pelos ignorantes e supersticiosos como mais uma prova de que a Maçonaria é o inimigo blasfemo da Verdadeira Fé. Hoje, no entanto (para a frustração de *webmasters* antimaçônicos), é improvável que me prendam e me queimem na fogueira por exercer a minha liberdade de expressão e tornar públicas as minhas crenças pessoais. No século XIV, os Cavaleiros Templários não tinham essa sorte.

Feitiçaria era uma das acusações preferidas da Inquisição porque punha o pobre acusado na posição impossível de ter de provar uma negativa para fugir ao castigo. Pessoalmente, acho fácil acreditar que, durante os quase duzentos anos de história da Ordem, alguns dos seus membros tenham se envolvido em práticas espirituais que teriam sido proibidas e condenadas pela Igreja de Roma. Mas vale lembrar também que a Igreja tacharia de satânicas uma multidão de coisas que hoje ninguém estranha e nem condena – yoga, acupuntura, meditação transcendental, visualização criativa, chá de ervas... conversar com um gato!

Uma boa parte das confissões dos Templários aponta para a prática de consultar um oráculo em forma de crânio humano, a cabeça de burro ou até mesmo um gato preto. Essas práticas divinatórias não eram incomuns entre magos árabes dessa época. Ainda assim, é impossível saber com alguma certeza se as acusações de feitiçaria tinham ou não uma base de verdade. No entanto, a atmosfera de magia sempre envolveu a imagem templária e, como já vimos, é a lenda e não a História que se aloja como arquétipo na consciência cultural e cria as tradições das sociedades secretas. Com isso em mente, vamos considerar que tipo de feitiçarias abomináveis praticariam os Templários *lendários*.

Entre as práticas de magia proibidas pela Igreja, as mais comuns eram (e são) aquelas cuja literatura e tradição nos leva a supor que se originaram com o Rei Salomão. Na verdade, há uma escola inteira de magia conhecida como *Magia de Salomão*, que abrange um amplo espectro de técnicas para fazer de tudo: de talismãs astrológicos à conjuração de demônios e espíritos, mantidos dentro de triângulos, garrafas de metal e outros objetos. Chama-se *Magia de Salomão* porque é baseada em manuscritos[44] falsamente atribuídos ao próprio rei lendário.

---

44. Os três textos mais notáveis da Magia de Salomão são: *The Testament of Solomon, The Greater Key of Solomon* e o *Little Key of Solomon* (a *Goetia*).

Seria insensato considerar esses documentos sem valor só porque sabemos que não foram escritos pelo próprio Rei Salomão. Parte desse material é respeitavelmente antigo (alguns especialistas sugerem qualquer coisa entre os séculos I e VII EC). Traduções modernas de vários clássicos da Magia de Salomão foram publicadas e enfeitam as prateleiras de livrarias do mundo inteiro, oferecendo inspiração para novas gerações de estudiosos e praticantes sérios (e uma fonte de males para supostos bruxos incautos). Quando os Templários viviam na Terra Santa, no entanto, esses textos só existiam em árabe e hebraico.

Provavelmente, a variedade mais pitoresca e interessante da magia de Salomão é a que é conhecida como *Goetia*.[45] É encontrada no primeiro dos cinco livros da coleção chamada *Lemegeton*[46] ou *Chave Menor de Salomão*. Esses papéis são de 1697 EC e parecem ser obra de algum colecionador que mandou copiar e encadernar num único volume os seus textos antigos relativos à Magia de Salomão. Há evidências de que a sua linguagem foi modernizada e de que foram transcritos de manuscritos muito mais antigos. O destaque da *Chave Menor de Salomão* é uma lista de 72 espíritos provenientes de várias tradições antigas, com instruções sobre como invocá-los com segurança. Cada espírito é descrito com detalhes, incluindo os poderes especiais que ele supostamente pode fornecer ao mago. A segunda parte deste livro contém excertos pertinentes desse texto.

À primeira vista, a Magia de Salomão parece ter todas as características da magia negra. Na verdade, parece até uma cena de um filme gótico de terror. O mago começa traçando um círculo no chão ou no piso do templo mágico. Esse círculo é protegido pelos vários nomes de Deus encontrados na Bíblia, além de nomes de arcanjos tradicionais e de palavras cabalistas de poder. (Ver Figura A). O mago, adequadamente vestido e portando a varinha mágica, fica no centro do círculo e, usando a vontade, gestos e palavras mágicas, invoca um demônio das regiões infernais, atraindo-o para um triângulo mágico traçado no chão a pouca distância do círculo. O tri-

---

45. *Goetia* era originalmente uma palavra grega para feitiçaria ou bruxaria. Uma palavra relacionada, goetes, significa *uivador* e talvez faça alusão à longa tradição da santidade de *nomes bárbaros de invocação*, remontando à época clássica.
46. *Sloane manuscript Nos. 2731 e 3648*, que se encontra atualmente na Biblioteca Britânica.

ângulo também é cercado por três palavras tradicionais de poder, que manterão o espírito preso lá dentro. (Ver Figura A).

O mago obriga então o espírito a reconhecê-lo como o senhor e mestre e o *encarrega* de alguma tarefa que, segundo a tradição (e o livro), o espírito é capaz de realizar. Como logo você vai descobrir, o procedimento clássico é muito mais intricado e complexo do que isso, mas acho que deu para ter uma ideia de que tipo de magia se trata.

Tudo isso parece selvagem e perigoso, e de fato é mesmo. Mas antes de saltar para a conclusão de que esse procedimento é o cúmulo da superstição primitiva, gostaria que você fizesse uma pausa e visse essa operação não como uma cerimônia mágica, mas como um exercício psicológico – um psicodrama em que invocamos e isolamos potencialidades antes descontroladas dentro de nós e redirecionamos a sua energia até então caótica e destrutiva para fins mais construtivos.

Fazemos isso naturalmente quando exercemos a autodisciplina para dominar uma habilidade e trazer para fora os nossos talentos ocultos. Por exemplo, quando eu tinha 12 anos, queria tocar guitarra – aprender a tocar guitarra era o *objeto* da minha operação mágica. Para isso, tinha que *invocar* uma guitarra, trazendo-a para uma manifestação visível. Isso foi feito invocando primeiro um *poder divino* maior do que eu (meus pais). Então, por meio de um programa de *preces intensas* (pedidos incessantes) e *alianças sagradas* (promessas de que praticaria muito e que até devolveria o dinheiro), uma guitarra de verdade finalmente se materializou nas minhas mãos.

Criei então o *círculo* mágico, isolando-me das inúmeras distrações da adolescência e me concentrando atentamente no trabalho que tinha diante de mim. *Invoquei* um a um os demônios das minhas mãos e dedos descoordenados e os aprisionei num *triângulo* de vontade, determinação e prática. Finalmente, dominei os *espíritos* das melodias, das letras e dos ritmos das músicas que desejava tocar e fiz deles meus *servos*.

Até dominar esses demônios, eu não podia me considerar um guitarrista (mago). Como um maçon companheiro de ofício, ainda não era um *Mestre*. Ainda não tinha o *Salvo-conduto do Rei Salomão* para viajar para países estrangeiros (cidades vizinhas) e ser remunerado como *Mestre Maçom* (tocar numa banda e ganhar $20 por noite!).

Há outros demônios pessoais que são mais perigosos e mais difíceis de dominar. Na verdade, podem até ser letais. Quem pode afirmar honestamente que nunca deixou que a ganância, o ciúme, a insegurança, a avidez ou a preguiça arruinasse um possível triunfo? Quantas vezes você já não disse a si mesmo: *Eu sou o meu pior inimigo*? Essas falhas de caráter e os maus hábitos desenfreados podem ser personificados como espíritos malignos que aparecem no pior momento possível para sabotar os nossos melhores planos. Não seria bom dominá-los e forçá-los a trabalhar para o nosso benefício e não para a nossa destruição?

Não há dúvida de que de um ponto de vista, o "inferno"[47] do mago goético é a psique, e os espíritos infernais são partes do inconsciente ou aspectos desequilibrados e malogrados da vida emocional. Até o momento em que os invocamos e redirecionamos, esses "demônios" permanecem descontrolados e sem direção. Os 72 espíritos catalogados na *Goetia* e que aparecem na segunda seção deste livro são personificações convenientes desses poderes e capacidades latentes. O que os torna perigosos é que, a menos que sejam chamados e forçados a trabalhar (como os gênios de Salomão) em harmonia com a vontade do mago, continuarão desgovernados e causando prejuízos à nossa vida.

Segundo a tradição mágica, foi exatamente isso que o Rei Salomão fez para reunir uma força de trabalho e construir o Templo de Deus. Mas será que esse tipo de magia funciona mesmo?

Garanto que sim.

Será que os Templários se dedicavam a tais práticas?

Não sabemos. É óbvio que os Templários não tiveram apenas a oportunidade de conviver com essas práticas, mas, graças ao seu conhecimento secreto, consideravam-se espiritualmente isentos das proscrições desse tipo de comportamento impostas pela Igreja. As múltiplas confissões que fizeram envolvendo a cabeça oracular, Bafomete, talvez apontem também para operações mágicas dessa natureza.

A Francomaçonaria ensina ou incentiva tais práticas?

Certamente não!

---

47. Em inglês, *inferno* é *hell*, que vem do inglês médio *helle* – do anglo-saxão *hel* – que significa escondido, oculto.

Mago Invocando um Demônio
(Gravura de Robert Fludd – *Ultriusque cosmi historia*, 1617.)

Então por que dedico uma parte significativa deste livro à prática dessa forma específica de magia, a Magia de Salomão?

Porque dentro da câmara lacrada dessa prática espiritual escura e proibida pode-se encontrar certa fórmula de magia que, se usada com perícia e coragem, cumpre a promessa da *Kryptos* de *coisas maravilhosas* – a *Chave para a Chave de Salomão* – os verdadeiros *Segredos da Magia e da Maçonaria*.

Porém, antes que possamos realmente usar a Chave de Salomão, temos de compreender plenamente quem somos e onde nos encaixamos no grande esquema cósmico.

Capítulo 12

Iniciação

"Em suma, quem encontrar esta casa,
é regente do mundo, o Salomão do seu tempo."

– Jelaluddin Rumi[48]

No primeiro capítulo deste livro, eu disse que independentemente das circunstâncias que envolveram a criação e o desenvolvimento da Maçonaria – independentemente de atividades e motivos passados ou presentes dos seus membros e líderes individuais, o Ofício é na verdade o guardião de um segredo profundo e fundamental. Fiz também uma observação que para muitos pode parecer presunçosa e atrevida: disse que tenho a chave para esse segredo. Repito aqui essa afirmação.

Mas quem espera que o segredo tome a forma do corpo mumificado de Jesus, de uma Arca da Aliança folheada a ouro – escondida sob a pirâmide no Louvre ou enterrada nos limites da sede da CIA – ou de uma prova das origens extraterrestres da família real britânica, ficará desapontado. Embora maravilhas como essas possam muito bem existir e um dia se reve-

---

48. *The House of Love*. Versão de Kabir Helminski, *Love is a Stranger* (Boston: Shambhala Threshold Books, 1993).

lar, a sua descoberta serviria apenas para reajustar levemente a nossa visão da história mundana na sua relação com a religião e a política.

O verdadeiro segredo não é um documento, nem um livro, nem um artefato. É algo que não se pode ensinar e nem aprender. É um fato incomunicável da vida que diz respeito à mais profunda maravilha do universo: o mistério da própria consciência e a nossa capacidade de atingir progressivamente níveis mais altos de consciência.

Para isso, temos de nos tornar um novo tipo de pessoa e começar esse processo como os lendários Cavaleiros Templários – libertando-nos da grande ilusão que mantém a maioria das pessoas num estado de escravidão espiritual – a ilusão de que não criamos a nossa própria realidade – a ilusão de que somos vítimas indefesas da realidade de alguém ou de alguma coisa. Isso parece um passo muito pequeno, mas é na verdade um salto quântico de consciência, uma mudança fundamental de identidade. Por mais inócuas que pareçam as tradições e as cerimônias da Maçonaria, elas comunicam elegantemente, por meio da sua ordem e da sua estrutura, a qualquer pessoa que tenha olhos para ver, a essência da fórmula da iniciação.

Em primeiro lugar, é preciso querer mudar. De acordo com os mais antigos costumes da tradição de Mistério, a Maçonaria não convida ninguém para se juntar a ela. Cada candidato tem de fazer voluntariamente uma solicitação e jurar que não está sob a influência de amigos e que não tem motivos mercenários.

Em segundo lugar, o próprio ritual de iniciação revela a fórmula tripla da iniciação: *resistência*, *luta* e *mutação*. O candidato se submete a esse processo muitas e muitas vezes ao ter o seu avanço repetidamente barrado na sala capitular. Enfrenta então uma provação ou é purificado e instruído de alguma outra maneira. Finalmente, recebe permissão para entrar e tomar o seu lugar no Templo.

O candidato passa fisicamente por esse processo na noite da iniciação, mas é também exortado a fixar a experiência nos recessos mais profundos da mente. Para isso, memoriza com esmero partes da cerimônia e as repete palavra por palavra diante do Mestre e dos irmãos de loja. Antes disso, ele não é considerado *qualificado* para passar para o grau seguinte. Isso é mais difícil para alguns do que para outros, mas a prova de memorização é essencial porque, depois que a fórmula de iniciação é gravada no subconsciente, fica difícil, senão impossível, removê-la da psique. Essa fórmula simples, experimentada por cada maçom em suas passagens pelos graus, é idêntica à que aparece no *Livro Egípcio dos Mortos*, fazendo uma analogia com a jornada do morto, que vai passando para níveis cada vez mais altos de consciência *post mortem*.

O terceiro e mais importante fator da fórmula de iniciação é a nossa inserção consciente no circuito divino do cosmos. Pode-se argumentar que todos nós, sabendo ou não, somos uma parte inextricável do fluxo supremo e universal de consciência/existência. Mas é só depois de despertar e reconhecer a nossa posição nesse circuito que podemos começar o Grande Trabalho – o trabalho de invocar forças da natureza acima de nós para poder dominar os nossos próprios demônios e redirecionar a sua energia caótica para construir o Templo da nossa alma em evolução.

É isso que fez o Salomão arquetípico e que é expresso na Maçonaria numa advertência muito simples: "Nenhum homem deve empreender nenhuma tarefa importante sem primeiro pedir a bênção de Deus."

Mais uma vez, a Bíblia fornece a chave numa história simples que esconde um segredo fundamental da magia – uma lição que, se observada, poderá nos dar o poder de controlar os espíritos infernais, mas que, se ignorada, nos deixará sob o controle deles. O terceiro capítulo do Livro dos Reis nos diz que, no início do reinado de Salomão, o Senhor lhe apareceu à noite numa visão e disse: "Pede o que quiseres que te dê."[49] Salomão respondeu:

> "A teu servo pois dá um coração entendido para julgar a teu povo, para que prudentemente discirna entre o bem e o mal: porque quem poderia julgar a este tão grande povo?" E esta palavra pareceu boa ao Senhor, que Salomão pedisse essa coisa. E disse-lhe Deus: "Porquanto pediste esta coisa, e não pediste para ti riquezas, nem pediste a vida dos teus inimigos: mas pediste para ti entendimento para ouvir causas de juízo. Eis que fiz segundo as

---

49. Primeiro Reis, capítulo 3, versículo 5. *The Holy Bible From Ancient Eastern Manuscripts* – Traduzida do aramaico por George M. Lamsa (Filadélfia, PA: A.J. Holman Company, 1967), p. 378.

tuas palavras: eis que te dei um coração tão sábio e entendido, que antes de ti teu igual não houve, e depois de ti teu igual se não levantará."[50]

Antes de empreender a tarefa de governar o povo e construir o Templo, Salomão não se reúne primeiro com os seus inferiores (ministros, generais, arquitetos, fornecedores de material de construção, líderes trabalhistas). Ele não se envolve imediatamente nos detalhes exaustivos de um projeto de tal importância. Em vez disso, volta a atenção para cima, para o mais alto nível da escala hierárquica de consciência. Faz contato direto com a Divindade e, em vez de se comportar como um jovenzinho indefeso pedindo uns trocados para os pais, ele se põe ousadamente à disposição para servir como um condutor, através do qual a infinita sabedoria e a infinita compreensão da Divindade possam passar.

Esse pedido profundamente maduro e descomplicado é instantaneamente atendido, como se a Divindade não tivesse outra opção além de aquiescer. Uma hierarquia espiritual única[51] é criada, com Salomão entronizado a meio caminho entre o céu e o inferno – para trabalhar em harmonia cósmica com a consciência divina acima dele – e para compelir os espíritos infernais a fazer o mesmo.

Esse é o primeiro segredo da magia de Salomão. Enquanto o mago estiver ligado *ao que está acima*, ele estará simultaneamente ligado (e deve começar a dominar) *ao que está abaixo*.

---

50. *Ibid.* versículos 9-12.
51. Assim como não há duas pessoas que compartilhem a mesma história espiritual (karma), as mesmas falhas, os mesmos talentos ou o mesmo potencial, a *carreira* de cada mago é totalmente única. Vem daí o comentário do Senhor para Salomão: "Eis que te dei um coração tão sábio e entendido, que antes de ti teu igual não houve, e depois de ti teu igual se não levantará."

Capítulo 13

Os sete segredos de Salomão

"A Ciência Hermética dos primeiros tempos cristãos, cultivada também pelos... árabes, estudada pelos Chefes dos Templários e corporificada em certos símbolos dos mais altos Graus da Livre Maçonaria, pode ser definida corretamente como a Cabala em realização ativa, ou a Magia dos Atos."

– Albert Pike[52]

O epigrama acima foi escrito por Albert Pike (1809-1891), provavelmente o mais influente estudioso e líder maçônico de todos os tempos. Perto de concluir esta seção deste pequeno livro, não imagino uma destilação mais concisa do que pretendo comunicar ao escrevê-lo. De um só fôlego, Albert Pike consegue ligar o cristianismo primitivo, os eruditos árabes, os Templários, a Cabala e a Magia. Suas palavras me dão também a oportunidade de tratar brevemente de um axioma vitalmente importante e fundamental da ciência espiritual chamada Hermetismo.

Alguns maçons acreditam que a Francomaçonaria é a encarnação moderna do antigo Hermetismo e que os Templários eram influenciados pela

---

52. Albert Pike, *Morals and Dogma of the Ancient and Accepted Scottish Rite of Freemasonry* (Primeira Edição publicada pela autoridade do Conselho Supremo do Trigésimo Terceiro Grau da Jurisdição Sudeste dos Estados Unidos). Charleston: 1871, 1906 e várias reedições modernas, p. 804.

filosofia hermética, dedicando-se a práticas mágicas baseadas em princípios herméticos. Podemos discutir *ad infinitum* se há ou não verdade nessas especulações, sem chegar a uma conclusão satisfatória. Mas, para os nossos propósitos, basta o que o Irmão Albert Mackey escreveu em sua *Encyclopedia of Freemasonry*:

> Ciência Hermética — A arte ou ciência da Alquimia, tendo seu nome derivado de Hermes Trismegistos, que era considerado pelos alquimistas como o fundador da sua arte. Os filósofos herméticos dizem que todos os sábios da Antiguidade, como Platão, Aristóteles e Pitágoras, eram iniciados nos segredos da sua ciência; e que os hieróglifos do Egito e todas as fábulas da mitologia foram inventados para ensinar os dogmas da filosofia hermética.[53]

A tradição hermética nos informa que a primeira revelação de Deus ao homem foi a *Tábua Esmeraldina de Hermes*[54] *Trismegisto*. Segundo dizem, ela teria dois mil anos na época de Cristo. Teria sido moldada em esmeralda líquida por meios alquímicos, com as letras em relevo, em vez de gravadas na pedra. Muitas autoridades descartam a veracidade histórica da lenda, mas seja qual for a sua origem, o texto representa a destilação consumada do pensamento hermético, resumindo o processo alquímico que transmuta chumbo em ouro e você e eu em deuses.

O documento se resume a treze parágrafos curtos, que se inicia com o seguinte enunciado:

> É verdade e não mentira, certo, e se pode confiar, que o superior concorda com o inferior, e o inferior com o superior, para efetuar aquele único trabalho verdadeiramente maravilhoso.[55]

Essas palavras mostram o cosmos como uma hierarquia de padrões que se repetem. Como as teclas de um piano, as notas que constituem as

---

53. Albert Mackey. *Encyclopedia of Freemasonry, op. cit.*, p. 323.
54. No livro *The Lost Keys of Freemasonry* (Los Angeles: Philosophical Research Society, Inc. 1996), Manly Palmer Hall, 33°, o grande místico e estudioso maçônico do século XX, identifica Hermes com Hiram Abiff, o herói/mártir da mitologia maçônica.
55. *Ibid.* p. 95.

oitavas dos mundos acima têm a sua contraparte direta nas oitavas dos mundos abaixo (e vibram harmoniosamente com elas). *O superior concorda com o inferior. Assim acima como abaixo.*[56] (Como essa frase é muito usada neste capítulo, espero que vocês tenham uma boa noção desse conceito.)

Quem está de posse desse conhecimento se torna (no mais verdadeiro sentido do termo) um mago – um Salomão – alguém que consegue efetuar mudanças positivas na vida, de acordo com a sua própria Vontade iluminada. É simples assim. No entanto, falar é mais fácil do que fazer e, para que *assim acima como abaixo* funcione para nós, temos que ter em mente algumas coisas, que chamo presunçosamente de *Sete Segredos de Salomão*. São segredos de magia, sim. Mas são também segredos da Maçonaria. Por meio dos seus rituais, tradições e ensinamentos, o antigo ofício da Francomaçonaria transmite esses mesmos segredos para qualquer pessoa que tenha olhos para ver e ouvidos para ouvir.

Segredo de Salomão Número 1
O indivíduo é a unidade fundamental.

Sei que isso nem parece um segredo místico, mas é um dos maiores. Se você não acredita nisso, nunca será um mago. Cada um de nós é o seu próprio Rei Salomão, completo em si mesmo. Somos sóis e não planetas, átomos e não moléculas, reis e rainhas, não súditos. A unidade fundamental da sociedade não é a família, não é a comunidade, não é a Igreja, mas você e eu. Antes de compreender plenamente essa verdade fundamental, somos como cruzados ignorantes, lutando e morrendo pela causa fantasiosa e absurda de alguém, escravos de entidades externas impessoais e arbitrárias, incapazes de reconhecer (e muito menos de realizar) o nosso potencial humano.

Esse segredo profundo embora modesto é expresso na Francomaçonaria pela advertência simples de que temos de primeiro melhorar e nos aperfeiçoar como indivíduos para melhor compreender e ajudar as nossas famílias, comunidades e nações.

---

56. Os cabalistas nos dizem que o capítulo de abertura do Gênesis afirma esse conceito fundamental ao afirmar que Adão (a raça humana) foi criado à imagem de Deus. Na mitologia grega, Prometeu nos moldou à imagem dos deuses.

Segredo de Salomão Número 2
Os seres humanos são inerentemente bons.

Como vimos no Capítulo Dez, é nesse ponto que batemos de frente com as doutrinas do *pecado original* e da total *depravação do homem*. Conquanto seja verdade que os seres humanos são capazes de abrigar os pensamentos mais vis e medonhos, assolando o mundo com orgias sangrentas de dor, morte e genocídio, não é proveitoso – não é saudável –, na verdade não é lógico nos deter nessas manifestações do mal, supondo que representem a nossa verdadeira natureza espiritual. Quando jovem, Francisco de Assis não passava de um boêmio e ladrão. O jovem Mohandas Gandhi batia na mulher. Seria essa a natureza essencial dos dois? Todos nós somos santos e mahatmas em potencial, mas, a menos que despertemos para o fato de que no fundo somos bons, merecemos continuar dormindo e sonhando que somos maus.

A Maçonaria ensina que *um fundo de ciência e diligência é implantado no homem para os melhores propósitos, mais benéficos e salutares*. No Terceiro Grau, nos dizem: "Mantenham, nós lhes rogamos, essa bondade de coração, essa pureza de intenção e esse amor à virtude que pensamos que agora possuem..."

Compreender que somos inerentemente bons e não inerentemente maus não é apenas um fator fundamental do nosso senso de identidade, mas serve ao longo da vida como uma perpétua meditação de fundo, que afeta positivamente as nossas ações, o nosso comportamento, as nossas aspirações e, principalmente, os nossos sonhos.

Segredo de Salomão Número 3
Os seres humanos evoluem e, com intento, podem
acelerar o processo evolutivo.

Esse segredo é o fundamento das práticas espirituais do Oriente há milênios, mas no Ocidente ele foi suprimido com sucesso pela doutrina religiosa e por interesses culturais a partir do século V EC. Poderíamos pensar que agora, na aurora do século XXI, não haveria mais razão para um fato tão óbvio da vida continuar sendo um segredo. No entanto, basta dar uma olhada nas manchetes dos jornais para ficarmos desiludidos.

O chamado "debate" entre as teorias do Evolucionismo e do Criacionismo (que hoje circula com o nome "Desígnio Inteligente") é uma extensão óbvia da discussão entre os que insistem na historicidade empírica (até mesmo científica) do Antigo Testamento e os que reconhecem e aceitam as evidências arqueológicas. A ironia desse debate (como veremos no Segredo de Salomão número 4) é que a verdadeira Evolução e o verdadeiro Desígnio Inteligente não são conceitos mutuamente excludentes.

Sempre haverá os que estão dispostos a colocar o intelecto e o senso comum em suspenso para alimentar alguma superstição ou se conformar à doutrina religiosa. É um direito deles. Quanto ao resto de nós (incluindo os que são leais à sua religião), a nossa visão espiritual não fica de cabeça para baixo quando reconhecemos que os seres humanos evoluem e que podemos acelerar esse processo por meio dos nossos esforços e intenções. A Maçonaria, com a sua maneira econômica de expor as coisas, exemplifica essa atitude antes radical e anticlerical numa metáfora, discutindo os símbolos da *Pedra Bruta* e da *Pedra Perfeita*.

Toda loja é equipada com duas pedras: uma é grosseiramente cortada, mas basicamente cúbica; a outra é polida e perfeitamente quadrada e cúbica. No Grau de Aprendiz Aceito, é dito ao candidato:

> A Pedra Bruta lembra o nosso estado natural rude e imperfeito, a Pedra Perfeita lembra o estado de perfeição que esperamos atingir por meio de uma educação virtuosa, do nosso próprio esforço e da bênção de Deus.

Segredo de Salomão Número 4
Tudo é Consciência.

No Terceiro Grau, é dito aos Mestres Maçons:

> É a inspiração daquela grande Divindade que adoramos, e que guarda a maior semelhança e afinidade com aquela Inteligência Suprema que permeia toda a natureza e que nunca, nunca, nunca morrerá.

O pensamento humano, em seu avanço contínuo, está agora combinando a física quântica com o antigo misticismo. Uma palavra que tanto uma quanto o outro usam ao discutir a natureza suprema da realidade é "consciência". O aclamado filme[57] *What the Bleep Do We Know?* cita Maharishi Mahesh Yogi:

> A Consciência é a base da vida e o campo de todas as possibilidades. A sua natureza é expandir e desenvolver o seu pleno potencial. O impulso de evoluir é então inerente à própria natureza da vida.

Deepak Chopra vai diretamente ao ponto e nos diz com clareza:

> O Bem é a consciência superior. O Mal é a consciência inferior.[58]

Quando considerada em sua totalidade, a consciência pode ser vista como a Mente de Deus. Na verdade, se os defensores da chamada teoria do "Desígnio Inteligente" deixassem de lado por um momento os seus interesses inconfessos, poderiam aceitar de imediato a teoria quântica, citando o ganhador do Prêmio Nobel e pai da física quântica Max Planck, que chocou o mundo nos anos 1950 ao dizer:

> A matéria como tal não existe.[59] Toda a matéria se origina e existe apenas em virtude de uma força que leva as partículas de um átomo à vibração e mantém coeso este diminuto sistema solar que é o átomo. Temos de supor por trás dessa força a existência de uma mente consciente e inteligente. Essa mente é a matriz de toda a matéria.

Todas as coisas que percebemos no cosmos, incluindo nós mesmos, são aspectos da consciência dentro da matriz da matéria. Mas do nosso

---

57. *What the Bleep Do We Know?* Filme de William Arntz, Betsy Chasse e Mark Vincente, Captured Light Industries – Lord of the Wind Films, LLC. 2004.
58. Deepak Chopra. *How to Know God – The Soul's Journey into the Mystery of Mysteries* (NY: Three Rivers Press, 2000), p. 130.
59. Esta citação aparece no filme *What the Bleep Do We Know* (*Ibid.*) e vem originalmente de um discurso feito por Max Planck em Florença, Itália.

ponto de vista limitado, percebemos apenas a realidade da nossa vizinhança imediata. Não conseguimos ver o grande contexto da consciência. Alguns, no entanto, sentem que há mais. Como os antigos hermetistas, somos tentados a especular sobre a existência de níveis de consciência acima e abaixo do nosso.

O comentário de Deepak Chopra, "O Bem é a consciência superior. O Mal é a consciência inferior", é profundamente verdadeiro do ponto de vista moral, mas podemos também considerar essa hierarquia de consciência como os antigos cabalistas e magos – não como abstrações, mas como seres espirituais.

Segredo de Salomão Número 5

Divindade, Arcanjos, Anjos, Inteligências, Espíritos, Demônios, você e eu somos personificações de uma hierarquia de consciência.

A divindade está obviamente no topo da hierarquia de consciência – a Consciência Suprema – o *Ser* Supremo. A criação inteira é um jogo da *Mente de Deus*.

Logo abaixo na hierarquia há uma série descendente de forças e energias que são emissários de inteligência mais especializados na *Mente de Deus*. Podemos vê-los como unidades (ou aspectos) das leis e forças naturais. Os antigos os personificavam como seres espirituais, chamando-os de arcanjos, anjos e inteligências. Não vemos efetivamente essas forças (entidades), mas percebemos como afetam o mundo à nossa volta.

Por exemplo: poderíamos personificar a lei da gravidade como um grande arcanjo. Poderíamos até dar um nome a esse arcanjo – Gravidiel. Gravidiel é um ser espiritual com responsabilidades e deveres enormes no universo. Como arcanjo, ele encarna tudo o que se relaciona à gravidade. Vemos a *ação* da gravidade se manifestar de infinitas maneiras: no movimento das marés, na queda dos pingos de chuva, nos seios de uma mulher, no mergulho de um meteorito. Essas expressões específicas de gravidade poderiam ser vistas como anjos (Marel, Quedel, Caidel e Mergulhel) trabalhando sob a *autoridade* do Arcanjo Gravidiel.

Gravidiel e seus anjos são responsáveis por organizar e dirigir o trabalho que ocorre nos níveis de consciência que vêm logo abaixo, onde se dá o processo de sustentar e destruir o universo material. Esse é o mundo que quase todos nós vemos como realidade objetiva. Os magos, no entanto, têm um nome mais vívido – as regiões infernais.

Se você consegue suportar mais uma das minhas excursões metafóricas, vamos considerar Deus como o dono – o patrão da empresa cósmica. Arcanjos, anjos e inteligências são os gerentes. Os trabalhadores são os espíritos e os demônios, que trabalham na área de produção da fábrica, o nível mais baixo de consciência. Esses trabalhadores fazem todo o trabalho braçal do universo e são uma turma da pesada (afinal, não são apenas a turma da construção, mas também da demolição).

Nesse ponto da escala da consciência, a pureza dos níveis superiores já está fragmentada e desorganizada. Se essa área não for gerenciada conscientemente, esses pedaços quebrados da *Mente de Deus* – uma turba inquieta e selvagem de trabalhadores zumbis sem supervisão – descarregarão a sua tremenda energia de maneira caótica e destrutiva. Por outro lado, quando controlados por uma inteligência superior, eles se unem a serviço da empresa. Se continuarem a se comportar, serão posteriormente promovidos a gerentes, etc.

Os personagens da história maçônica de Salomão personificam esse espectro da consciência:

- Deus no topo – O Grande Arquiteto do Universo;
- Salomão (e os Grão-Mestres, Rei Hiram de Tiro e Hiram Abiff) no meio e na base;
- Os Trabalhadores do Templo (mestres, supervisores, companheiros de ofício, cortadores de pedras, aprendizes aceitos, carregadores).

Se o Aprendiz Aceito trabalhasse com afinco, poderia passar a Companheiro de Ofício etc.

Uma vez funcionando, esse cenário pinta o quadro de um universo em equilíbrio, de uma utopia espiritual onde cada um trabalha com sucesso sob supervisão e direção, para se elevar (e aos seus inferiores) ao nível seguinte.

> ... tudo era classificado e disposto de tal maneira pela sabedoria de Salomão que não havia inveja, discórdia nem confusão para interromper ou perturbar a paz e o companheirismo que prevalecia entre os trabalhadores.[60]

Mas onde você e eu nos encaixamos nessa empresa de consciência cósmica?

Isso depende de onde o nosso atual nível de consciência nos coloca. Em estado de ignorância, nós nos convencemos de que somos criaturas infernais vivendo e morrendo na área de produção da fábrica. No entanto, quando abrimos os olhos, descobrimos que estamos num ponto relativamente alto na hierarquia de seres espirituais. Na verdade somos, cada um de nós, os membros mais importantes da equipe de gerenciamento – enviados pelos anjos – temidos pelos espíritos e demônios. Nós somos Salomão.

Segredo de Salomão Número 6
É nosso dever dominar e redirecionar as forças inferiores para fins construtivos.

A evolução espiritual não ocorre num vácuo. A nossa consciência se eleva porque foi aberto *acima* dela um espaço vibracional. (Somos promovidos a patrão quando o nosso patrão é promovido a uma posição mais alta.) Assim acima como abaixo. Com a autoridade vem a responsabilidade. Quando despertamos para o nosso verdadeiro *status* espiritual, percebemos que somos responsáveis por um grupo desordeiro de demônios (aspectos da nossa consciência inferior). Temos que mostrar imediatamente quem manda e pôr esses caras para trabalhar no nosso "Templo" porque do contrário eles logo voltam a fazer baderna à nossa custa.

Esse segredo é inocuamente revelado ao novo Mestre Maçom:

> Como Mestre Maçom você está autorizado a corrigir as irregularidades dos seus irmãos menos informados, a lhes fortalecer a mente com resolução contra as ciladas dos insidiosos e a protegê-los contra a tentação de práticas viciosas.

---

60. De palestra do Grau de Mestre Maçom.

O Templo concluído é a réplica microcósmica, em pedra, da própria Divindade, feito com tal perfeição que reflete a perfeição macrocósmica de Deus.

Segredo de Salomão Número 7
À medida que somos elevados, temos de elevar.

No capítulo anterior, escrevi que, enquanto o mago estiver ligado *ao que está acima*, estará simultaneamente ligado (e deve começar a dominar) *ao que está abaixo*. O sétimo Segredo de Salomão acrescenta que, além de dominar e dirigir os *espíritos* abaixo de nós, temos o dever de fazê-los avançar à medida que avançamos. Não é vantagem nenhuma elevar o nosso próprio *status* se não nos dispomos a elevar o *status* dos que estão abaixo de nós. Na verdade, isso nos desliga imediatamente da fonte e do circuito mágico do cosmos.

O grande mago do século XIX, Eliphaz Levi, escreveu um pequeno poema maravilhoso chamado *O Mago*, que ilustra perfeitamente este que é o maior Segredo de Salomão. Não imagino um modo melhor de concluir esta parte do livro e prepará-los para apreciar o que vem a seguir.

O Mago[61]

Ó Senhor, livrai-me do medo e da escuridão do inferno!
Soltai meu espírito das larvas da tumba!
Eu os procuro em suas moradas medonhas, sem susto:
Sobre eles imporei a minha vontade, a lei da luz.

Ordeno que a noite conceba o hemisfério resplandecente.
Levanta, Ó Sol, levanta! Ó Lua, brilha branca e clara!
Eu os procuro em suas moradas medonhas, sem susto:
Sobre eles imporei a minha vontade, a lei da luz.

---

61. *The Magician* [Traduzido da versão de Eliphaz Levi do famoso Hino] *The Equinox Vol. I* (1). Londres, primavera de 1909. Reedição (York Beach, ME: Weiser Books, 2006), p. 109.

Suas faces e suas formas são terríveis e estranhas.
Esses diabos por minha vontade em anjos transformarei.
A esses horrores inomináveis eu me dirijo, sem susto:
Sobre eles imporei a minha vontade, a lei da luz.

Esses são os fantasmas pálidos de minha visão atônita,
Mas ninguém além de mim pode a sua beleza arruinada renovar;
Pois no abismo do inferno eu mergulho sem susto:
Sobre eles imporei a minha vontade, a lei da luz.

PARTE DOIS

A MAGIA DE SALOMÃO

Introdução

Elementos da invocação de espíritos

"... A magia é tão misteriosa quanto a matemática, tão empírica quanto a poesia, tão incerta quanto o golfe e tão dependente do tempo de reação quanto o Amor."

– Aleister Crowley[62]

Esta seção consiste de excertos de *A Goetia, A Chave Menor de Salomão o Rei (Clavicula Solomonis Regis)*,[63] incluindo a lista dos 72 espíritos tradicionais, seus atributos e habilidades, além dos seus selos mágicos. Sei que para muitos este material parecerá incongruente com o da primeira seção deste pequeno livro e suponho que alguns não conseguirão ver conexão alguma. Nesse caso, terei falhado (ao menos parcialmente) na minha tentativa de despertar o Salomão arquetípico na psique do leitor, e espero que esta pequena introdução sirva para fazer a ligação.

---

62. Aleister Crowley, *Magick, Liber ABA, Book Four*. Segunda Edição Revisada, org. por Hymenaeus Beta (York Beach, ME: Weiser Books, Inc. 1997), p. 193.
63. *The Goetia: The Lesser Key of Solomon the King: Clavicula Solomonis Regis, Book One*. Traduzido por Samuel Liddell MacGregor Mathers: organização, notas e introdução com acréscimos de Aleister Crowley: Segunda Edição Ilustrada com novas notas de Aleister Crowley: Organizado por Hymenaeus Beta (York Beach, ME: Weiser Books. 1995). Usado com permissão.

Para fins práticos ou de estudo, o material que vem a seguir não pretende substituir o texto completo.[64] Incluindo-o, não estou sugerindo tampouco que qualquer pessoa que o leia deva começar imediatamente a invocar espíritos. Espero, contudo que, uma vez que esteja familiarizado com os métodos pelos quais os antigos magos usavam os instrumentos da lenda, do mito e da imaginação para obter domínio sobre o seu mundo, você perceba como pode usar esses mesmos instrumentos para transformar áreas da sua vida e da sua situação.

Mas antes de mergulhar diretamente nos excertos dessa obra notável, sugiro que reveja o Capítulo Onze, onde esbocei a natureza básica e os procedimentos operacionais desse tipo de feitiçaria. Além disso, suponho que muitos leitores ainda tenham perguntas a respeito da magia de Salomão em geral e da *Goetia* em particular. Então, numa tentativa de antecipar algumas dessas questões, vou me dividir em dois (pela magia da imaginação): metade, o hipotético e implacavelmente curioso dono deste livro; a outra metade, o velho e amável mago e autor.

Pergunta número 1.

Você realmente espera que eu acredite que esse tipo de magia funciona?

Não. Não espero que ninguém *acredite* em nada. A magia é uma forma de arte psicológica, não um sistema de crenças (a menos que você considere o conceito de "causa e efeito" um sistema de crenças). Espero, contudo, que você suspenda qualquer julgamento absoluto sobre a eficácia desses exercícios até ter feito por si mesmo uma invocação goética.

Em muitas ocasiões, nos últimos trinta anos, invoquei espíritos da *Goetia* usando a fórmula básica esboçada na *Chave Menor de Salomão*. Se sucesso significa atingir com regularidade o propósito declarado do exercício, então as minhas experiências pessoais (e os relatos de pessoas com quem tive contato direto) me levam a afirmar categoricamente que esse tipo de magia de fato funciona.

---

64. *Ibid.*

Pergunta número 2.

Os espíritos são reais ou imaginários?

Só posso dar a minha opinião pessoal, baseada em conclusões a que cheguei como resultado das minhas próprias experiências com esse tipo de exercício. Há pessoas com muito conhecimento que discordam das minhas suposições. Alguns acham que tirei a "magia" da magia ao analisar demais o processo e ao tornar as coisas psicológicas demais. Outros acham que a minha visão da arte não é agnóstica o suficiente – que é ingênua, mística ou romântica demais.

Não faço nenhuma réplica a essas acusações, além de dizer que os espíritos são tão reais quanto os poderes que personificam. Para citar o meu *alter ego* literário, o Rabino Lamed Ben Clifford:[65] "Os espíritos são ao mesmo tempo reais e imaginários – mas a maioria de nós não percebe como é real a nossa imaginação."[66]

Por exemplo: não *acredito* na existência de uma entidade objetiva, concreta, que vive no Polo Norte e que sai por aí na véspera de Natal entregando presentes para todo mundo – mas sei que há um *espírito* mágico e real de louca generosidade personificado alegremente como *Santa Claus** na mente de bilhões de pessoas. Na verdade, a cada ano (durante os meses em que esse espírito está no zênite do seu poder de possuir as pessoas), esse espírito subjetivo e intangível é responsável, de uma maneira muito real, pela manifestação de uma quantidade inimaginável de objetos materiais, assim como de felicidade e fortuna imensuráveis.

Mas cuidado! As mesmas letras que formam a palavra "Santa" formam também a palavra "Satan". Esse espírito tem também um lado sombrio e mau. Quando não é bem compreendido, invocado e controlado, pode ser um demônio cínico e destrutivo que traz de presente brigas de família, dívidas sufocantes, arrependimento, depressão e suicídio.

Há aqueles que concordam com o grande mago do século XX, Aleister Crowley, que escreveu em sua introdução a *Goetia*: "Os espíritos da *Goetia*

---

65. Lon Milo DuQuette: *The Chicken Qabalah of Rabbi Lamed Ben Clifford* (York Beach, ME: Weiser Books, Inc. 2001).
66. *Ibid.* p. 132.
* O nosso Papai Noel. (N. da R.)

são partes do cérebro humano."[67] Não tenho certeza se concordo totalmente com isso, mas Aleister Crowley nos dá certamente o que pensar. Quantas vezes ouvimos dizer que os seres humanos usam apenas uma pequena parte do cérebro? Quem sabe que poderes divinos poderíamos exercer se usássemos uma parte maior do nosso cérebro?

Imagine que seja possível dividir essa parte não usada do cérebro em 72 seções (os 72 espíritos da *Goetia*) – sendo cada seção um representante vivo de um determinado poder psíquico e intelectual que atualmente não usamos (os atributos e poderes do espírito). Atribuímos então a cada uma dessas seções um nome mitológico (p. ex., Furfur ou Orobas) e um símbolo (o selo de cada espírito) que podemos contemplar durante estados alterados de consciência (induzidos por rituais de preparação, incenso, o balbucio de fieiras de palavras incompreensíveis etc.), mediante os quais isolamos, ativamos e empregamos essa parte do cérebro.

Em vez de pensar nos espíritos como partes do tecido cerebral físico, no entanto, talvez seja mais exato (e mais prático) vê-los como partes da *mente* subconsciente. Como os pioneiros da física quântica estão sugerindo e demonstrando, a influência da mente transcende os ínfimos limites do crânio humano e opera em múltiplas dimensões, livre dos limites de tempo e espaço. Explorar a mente subconsciente é explorar o cosmos e, desde a época pré-histórica, os que mais exploraram a mente subconsciente foram chamados de magos.

Pergunta número 3.

O texto diz que muitos espíritos têm poderes estranhos e arcaicos, que não me interessam. Se os espíritos são simples partes do cérebro (ou mente), por que dedicar uma seção inteira a *buscar cavalos*, obter *prelazias* ou *acender velas aparentes sobre os Túmulos dos Mortos*?

Ficará imediatamente óbvio para o leitor que o texto é escrito num estilo estranho e arcaico. A explicação é simples: trata-se de um documento estranho e arcaico. Como mencionei no Capítulo Onze, os manuscritos originais datam de 1697 e representam versões atualizadas de um material

---

67. *Op. cit.* p. 17.

ainda mais antigo. Embora o mundo tenha mudado muito desde então, a nossa vida diária é incrivelmente semelhante à de nossos ancestrais. Podemos não precisar de cavalos, honrarias da igreja ou de poder para iluminar os túmulos, mas ainda precisamos de carro, de coisas que nos favoreçam a carreira e, às vezes, até de finura e eloqüência para escrever e dizer um elogio fúnebre.

Escolher o espírito certo para realizar a tarefa específica que você tem em mãos é um componente vital da operação mágica. Alguns são óbvios, como no caso do número 10, Buer, que supostamente cura todas as indisposições. Outros não são tão óbvios e exigem um pouco de raciocínio e imaginação. Descobrir qual é exatamente o seu problema, metaforicamente expresso como poder de entender os pássaros ou de curvar as árvores, é o primeiro passo para gravar na mente subconsciente a essência da questão que você precisa resolver. Um "pássaro" não precisa ser um corvo ou um canário. Pode ser uma tagarelice fofoqueira ou uma prova de Biologia. O poder de "curvar uma árvore" pode sugerir a capacidade de superar uma firme resistência às suas ideias ou propósitos.

Pergunta número 4.

Na primeira seção deste livro, você passou um bom tempo demonstrando que os Patriarcas, Davi, Salomão e outras figuras do Antigo Testamento não são personagens históricos; no entanto, a Chave Menor de Salomão é cheia de referências a esses personagens. Você está nos pedindo para acreditar em fábulas?

Sim e não. É claro que esses personagens bíblicos são mitos e fábulas. Mas os mitos e as fábulas vêm dos estratos mais profundos da psique humana (e a afetam profundamente). Em geral, suspendemos de boa vontade a nossa descrença por algumas horas nos limites escuros de um teatro. Essa mesma capacidade de imaginação é a pedra fundamental da magia – um recurso poderoso que muita gente usa apenas para o sexo, o entretenimento e a diversão. Se usado com perícia e compreensão, no entanto, é o recurso perfeito para nos ajudar a romper o nosso atual estreito fluxo de consciência.

Lembrem-se do Capítulo Onze, quando eu lhes pedi para considerar essas operações não como cerimônia mágica, mas como exercício psicológico – um psicodrama em que invocamos e isolamos dentro de nós potencialidades antes descontroladas e redirecionamos as suas energias até então caóticas. O mago medieval não pensava absolutamente em termos psicológicos. Acreditava apaixonadamente no Deus do Antigo Testamento (sob um sem-número de nomes) e nos poderes sobrenaturais dos Patriarcas, de Davi e de Salomão.

De certo modo, isso dava ao antigo praticante uma vantagem decisiva sobre o praticante moderno, que precisa *a)* como um ator do Método Stanislavsky (ou um jogador de RPG), descobrir uma forma de sair temporariamente do fluxo racional de consciência e entrar no clássico mundo mágico, com suas regras e personagens; ou *b)* criar de algum modo um mundo mágico equivalente com uma hierarquia mitológica que personifique a sua visão e suas crenças.

As duas categorias são igualmente eficazes. Conheço vários magos salomânicos (incluindo o grande mestre moderno da invocação goética, Poke Runyon[68]) que adota de coração a forma de arte dos processos *goéticos* clássicos. Eles operam ao pé da letra e, na medida do que é humanamente possível, em conformidade com cada instrução encontrada no texto. Usam as roupas apropriadas, constroem e usam o equipamento e os recursos mágicos necessários, observam os horários, memorizam todas as conjurações e restrições – tudo. Sentem-se ofendidos no seu senso artístico (e afinal a magia é uma arte) se as instruções do texto clássico são violadas. É um estímulo para a sua confiança mágica saber que estão fazendo as coisas exatamente como os antigos praticantes. Isso é o *yoga* – o *Zen* da sua arte.

Pessoalmente, acho que me encaixo com mais facilidade na categoria *b*. Não me sinto ofendido no meu senso artístico ao retificar ou descartar partes do texto clássico. Embora faça o possível para me ater à fórmula básica e seguir a ordem cerimonial do sistema clássico, o resto eu adapto em harmonia com a minha visão espiritual. Com um pouco de reflexão, todo mundo pode fazer a mesma coisa.

---

68. Carroll (Poke) Runyon. *The Book of Solomon's Magick* (Pasadena, CA: Church of the Hermetic Science, Inc., 1996).

Pergunta número 5.
Sob que circunstâncias é apropriado invocar um espírito?

Basicamente, cabe a cada mago determinar quando é ou não apropriado usar a magia de Salomão para invocar um espírito. No entanto, levando em conta o que funcionou e o que não funcionou para mim, faço as seguintes observações:

Primeiro, você tem que ter um problema – um problema real. Mas antes de pedir a ajuda do espírito para resolver o problema, você tem que ter feito tudo o que está ao seu alcance para resolver a questão com os meios comuns do plano físico. Isso também é magia. Se o seu vizinho tem o hábito irrefletido de tocar tuba no meio da noite, arruinando o seu sono, a sua saúde e a sua capacidade de ficar acordado no trabalho – e se você já lhe pediu para parar, se já chamou a polícia e não adiantou –, se já pediu ajuda para os outros vizinhos, se já tocou a campainha do idiota e lhe acertou um soco na boca tocadora de tuba, se já tentou tudo o que é possível aqui na Terra, então talvez seja a hora de considerar uma solução mágica. No entanto, se você não esgotou ainda todas as outras medidas, seria covarde e insensato mobilizar magicamente o seu subconsciente só para forçar algum pobre espírito a fazer o trabalho sujo por você.

Em segundo lugar, o problema que você quer ver resolvido tem que ser uma questão pessoal. Não dá para usar a magia para outra pessoa. Ao invocar formalmente o espírito, você está invocando uma aventura. Nem sempre as aventuras são agradáveis; às vezes são perigosas e até mortais. Mas, no final da aventura, se sobreviver, você será uma pessoa melhor, mais sábia, mais corajosa, *mais serena*. Ninguém pode viver a sua aventura por você e você não pode viver a aventura de ninguém. Assim, as suas razões para invocar o espírito têm que ser inteiramente pessoais. Você não espera colher os benefícios da psicoterapia mandando alguém para substituí-lo no divã do analista.

Em terceiro lugar, você tem que se sentir totalmente justificado para fazer o que pretende fazer. Tem de ter um profundo envolvimento emocional com a questão que deseja ver resolvida. Se não estiver convencido do seu motivo – se não chegou ao fundo do "inferno" emocional da sua frustração, da sua raiva – então não tocou ainda o nível de consciência onde essas bestas existem.

Além disso, depois de invocar o espírito, fazendo-o ficar dentro do triângulo, você tem que ver nele *a personificação do seu problema* (já que em essência é isso mesmo). Você tem todos os motivos para estar zangado com ele. O espírito *é* o seu problema. Sempre foi o seu problema. Pela primeira vez na vida, você o isolou, podendo agora concentrar toda a força da sua raiva e indignação na verdadeira fonte do problema e não contra a sua companheira, contra o patrão, os filhos, o cachorro ou o governo. O espírito tem que ouvi-lo e por isso você precisa saber o que pretende lhe dizer. Ou ele toma forma e obedece ao seu comando ou você o aniquila.

Meu último conselho é: "Não faça tratos com o espírito." De certo modo, você tem feito tratos com o espírito durante a vida toda. É por isso que tem o problema. A cerimônia é a sua maneira formal de imprimir na mente subconsciente a ideia de que você não fará mais tratos com esse poço de *ignorância, falta de percepção, medo, vício ou dependência* (todos são demônios).

Percebe a trama desse psicodrama? Percebe o método na loucura? Depois de reprogramar voluntariamente o subconsciente com uma pequena experiência traumática como essa, você se torna em essência uma pessoa diferente. Diferentes coisas começam a lhe acontecer quando você se torna uma pessoa diferente. Se tudo correr bem, uma dessas coisas será a solução para o problema.

Pergunta número 6.

Todas essas conjurações, constrições e maldições tão longas e cheias de palavras – tenho que memorizá-las e recitá-las? A que propósito elas servem?

Obviamente, para se pôr num "lugar" em que a ideia de falar com um espírito lhe pareça uma coisa perfeitamente normal, você tem que "estar" num estado alterado de consciência. Há muitas maneiras de induzir estados alterados, incluindo o uso de ervas e substâncias químicas psicoativas. Essas substâncias sempre tiveram o seu lugar na vida mística dos seres humanos, mas, para o desapontamento de muitos, elas não combinam bem com este tipo de magia, já que é muito fácil induzir um estado alterado de consciência pela ingestão de drogas, mas é muito difícil (se não impossível) voltar à consciência objetiva num determinado momento da cerimônia, quando isso pode ser vitalmente importante. Então, você pode se ver numa situação muito perigosa. Os métodos tradicionais podem ser menos vívidos e glamourosos (e digo "glamourosos" no sentido mais mágico do termo), mas são mais seguros e mais previsíveis do que as drogas.

Assim como o adepto moderno da Meditação Transcendental repete um mantra para sair do fluxo da consciência cotidiana, o antigo mago (e o moderno praticante purista da magia de Salomão) memorizava e recitava páginas e páginas de conjurações cheias de palavras mágicas e nomes de som estranho. Curiosamente, essas palavras não precisam significar alguma coisa. Aliás, quanto mais deturpadas e sem sentido, mas eficazes são para provocar o efeito desejado sobre a consciência do mago. Finalmente, o tédio (e o próprio absurdo da coisa) faz com que a mente se rebele e entre no "espaço" desejado.

Na minha opinião, é melhor para o mago moderno customizar a própria conjuração (ou conjurações). No meu caso, eu me desconcentro recitando nomes de personagens da Bíblia que eu sei que nunca existiram e de divindades que não adoro. Seja como for, o elemento mais importante da conjuração vem logo no começo, quando o mago, como o lendário Salomão, afirma a sua ligação com a Divindade Suprema. É nesse momento que nós nos inserimos conscientemente na hierarquia espiritual do cosmos.

Pergunta número 7.

Em resposta à pergunta número 3, você disse que segue a fórmula básica e a ordem cerimonial do sistema clássico. Dá para fazer um resumo da fórmula básica e da ordem de operação?

A melhor maneira de determinar a fórmula básica e a ordem cerimonial é se familiarizar com os excertos da *Chave Menor de Salomão* que vêm a seguir. Então, se você tiver interesse suficiente para explorar este tipo de magia, familiarize-se com o texto completo e com outros textos hoje disponíveis (ver Bibliografia).

Segue-se um esboço do meu procedimento operacional básico:

Motivo e justificativa

Antes de começar, eu me pergunto:

1) Tenho mesmo uma boa razão para chamar o espírito?
2) Sinto-me absolutamente justificado para fazer isso?
3) Tenho um vínculo emocional suficiente com o objeto da operação?
4) A minha vontade de ter sucesso na operação é livre de ambiguidades?
5) Tenho a coragem de sondar as profundezas do meu "inferno" subconsciente para atingir os meus fins?

Preparação do templo

1) Numa sala limpa e despojada, eu desenho ou crio de alguma maneira (com fita adesiva, por exemplo) um círculo com mais ou menos dois metros e meio de diâmetro. Junto ao contorno do círculo, do lado de dentro, escrevo nomes divinos que sejam sagrados para mim (ou escrevo os nomes em pedaços de papel que distribuo junto ao contorno do círculo).
2) A mais ou menos um metro a leste do círculo, eu desenho ou crio de alguma maneira um Triângulo, com cada lado medindo oitenta centímetros. Ao longo dos lados do triângulo, escrevo palavras de poder que sejam sagradas para mim (ou escrevo as palavras em pedaços de papel que distribuo ao longo dos lados do triângulo).
3) Dentro do triângulo, desenho ou crio de algum modo um círculo. No centro do círculo no interior do triângulo, ponho um porta-incenso, uma vareta de incenso e uma cópia em papel do símbolo do espírito que pretendo invocar.

Preparação do mago

1) Antes da cerimônia, tomo um banho em silêncio, com a intenção de limpar o corpo em preparação para esse sério trabalho.

2) Ponho uma vestimenta mágica ou insígnia representativa do meu grau iniciático.
3) Prendo na vestimenta mágica a imagem do Hexagrama de Salomão, feita de pano ou papel (representado a minha ligação com a Consciência Suprema).
4) Pego a minha varinha mágica e ponho no pescoço uma corrente com um medalhão que mostra o selo do espírito de um lado e o Pentagrama de Salomão do outro (representado, entre outras coisas, a minha ligação com o espírito). Mostro os dois lados para o espírito à sua chegada.

Cerimônia preliminar

1) Tiro os sapatos e entro do Círculo.
2) Limpo cerimonialmente o Círculo borrifando água limpa em direção ao leste, ao sul, ao oeste e ao norte.
3) Consagro e abençoo cerimonialmente o Círculo erguendo uma vela branca em direção ao leste, ao sul, ao oeste e ao norte.
4) Preparo formalmente o Templo realizando um ritual de banimento com que estou acostumado. (Rituais de banimento são encontrados em qualquer obra elementar sobre magia moderna.)[69]
5) Faço então uma pausa e oro. Ou seja, concentro-me em silêncio e faço contato com a mais alta consciência que consiga imaginar. Eu me visualizo na presença dessa Inteligência Suprema e, quando a visualização fica forte, invoco essa presença para dentro de mim, de maneira a sentir que sou um reflexo perfeito da Divindade. Esse é o Segredo de Salomão, e a cerimônia não deve continuar até que isso tenha sido feito.

A invocação

1) É nesse estado mental elevado que focalizo a atenção no Triângulo e começo a minha conjuração (que combina frases do texto clássico, composições próprias, "palavras bárbaras de evocação" vin-

---

69. Lon Milo DuQuette, *Tarot of Ceremonial Magick* (York Beach, ME: Weiser Books, 1995), pp. 215-217.

das de outros textos e certos "Chamados" na linguagem angélica, conhecida como enoquiana). Repito a conjuração quantas vezes for necessário para atingir (o que só posso descrever como) um estado irracional de consciência.

2) Continuo até que o espírito "apareça". (Para mim, ele raramente aparece aos meus olhos físicos. No entanto, sinto nitidamente a sua presença. A sensação da presença do espírito é em geral tão concreta que o novato pode ficar estupefato e perder de vista o propósito da operação.)

3) Embora considere o espírito como a causa do meu problema, eu sei também que ele é a chave da solução. Por isso, eu o saúdo com cortesia distante quando ele chega.

4) Com firmeza, mas de maneira polida, eu lhe dou uma incumbência específica e bem formulada, pedindo-lhe para concordar em fazer o que pedi. Durante a cerimônia, resisto a qualquer tentação de modificar por pouco que seja o pedido original. (Os pensamentos que surgem durante a cerimônia são tentativas desesperadas do espírito para obter um acordo. A invocação é uma declaração formal de que de agora em diante isso acabou!)

5) Antes de lhe dar licença para partir, recordo que ele é agora o meu servo e que, se me servir direito, farei com que seja elevado em *status* espiritual quando eu também for. Mas, se não me servir direito, não terei escrúpulos para chamá-lo de novo, queimar o seu selo e aniquilá-lo totalmente.

6) Eu lhe dou então licença para partir, estipulando antes que ele deve cumprir as minhas ordens sem prejuízo para mim, para os meus entes queridos ou para qualquer entidade, viva ou abstrata, por quem eu nutra afeto e boa vontade.

7) Finalmente, realizo um ritual de banimento como no começo e espero até não sentir mais nenhum resíduo da presença do espírito.

Depois da cerimônia

1) Faço de tudo para "sair do clima" e voltar à consciência objetiva cotidiana. (Por isso as drogas são uma péssima ideia!) Quando não

consigo me livrar da sensação "de assombramento", faço outro banimento e mais outro, até conseguir.
2) Desmancho o Templo e guardo tudo de novo em seus recipientes sagrados. Tiro o selo do espírito do Triângulo e o guardo numa caixa especial para que nunca seja tocado por mais ninguém.
3) Enquanto ainda tenho a experiência viva na lembrança, pego o meu diário e escrevo um relato detalhado da operação.

Funcionou?

A incumbência para o espírito tem que ser enunciada de tal modo que eu saiba, dentro de um determinado período, se o espírito está ou não fazendo o seu trabalho. Se ele falhar, tenho que invocá-lo de novo e lhe fazer uma ameaça. Se falhar de novo, volto a invocá-lo e o atormento na fornalha. Se ainda assim falhar, faço nova invocação, com o propósito de destruir o selo e o espírito completamente.

Não desanime caso lhe parecer que a operação foi um fracasso total. Talvez você não conquiste a pessoa amada – talvez não ganhe na loteria. No entanto, o inferno que você vive ao lutar com o espírito, xingá-lo e torturá-lo, para que ele cumpra as suas ordens é uma aventura espiritual *incomparável* que lhe ensinará coisas a seu respeito que você desconhecia – coisas que talvez sejam desagradáveis – coisas que talvez você queira mudar – e terá feito tudo isso na privacidade da sua casa, sem ter que agredir, traumatizar ou destruir qualquer coisa mais sensível do que um pedaço de papel.

Os críticos da *Goetia* advertem que esse tipo de magia traz para fora o que há de pior em nós. Eles estão absolutamente certos, mas é isso mesmo que ela deve fazer: trazer para fora o que há de pior em nós para que, como Salomão, possamos melhorar esse lado ruim ou riscá-lo da nossa vida. Espero que, mostrando a você como o antigo mago realizava esse trabalho, você descubra como aplicar a fórmula de Salomão à sua própria busca espiritual.

O Demônio Belial diante do Rei Salomão
(de Jacobus de Teramo)

E na fala das bestas e dos pássaros não havia nada oculto para ele [Salomão] e ele forçava os demônios a obedecer a ele com a sua sabedoria. E ele fazia tudo por meio da perícia que Deus lhe concedeu quando ele Lhe dirigiu uma súplica.

– Excerto de The Kebra Nagast
Livro Sagrado da Etiópia

Excertos da *Goetia*
A Chave Menor de Salomão o Rei
(*Clavicula Salomonis Regis*)[70]

"As necessidades de todo dia deram origem à *Goetia*... ela tem as suas raízes numa antiga tradição. Seus espíritos oferecem um meio de melhorar a nossa sorte na vida, tratando de todo o espectro de preocupações humanas, de promoção e fortuna a sexo e conhecimento."

– Hymenaeus Beta[71]

---

70. Ver nota de rodapé 63.
71. *The Goetia. Op. cit.* p. xxiii.

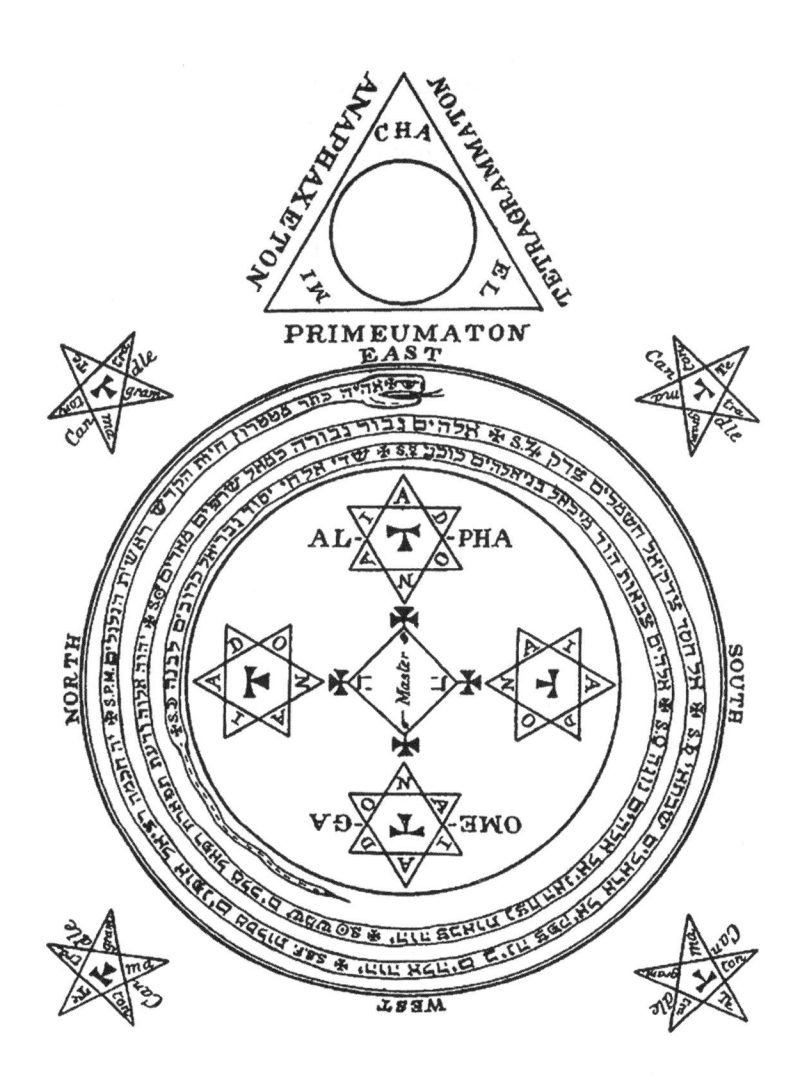

Figura A.
O Círculo Mágico e o Triângulo Mágico.

Os requisitos mágicos

O Círculo Mágico

ESTA é a Forma[72] do Círculo Mágico do Rei Salomão, que ele fez para que pudesse se preservar da malícia desses Espíritos Maus. (Ver *Figura A*) Este Círculo Mágico deve ser feito com dois metros e meio de diâmetro e os Nomes Divinos devem ser escritos à sua volta, começando em EHYEH e terminando em LEVANAH, Luna.

O Triângulo Mágico de Salomão

ESTA é a Forma do Triângulo Mágico, para o interior do qual Salomão mandava os Maus Espíritos. Ele deve ficar a sessenta centímetros de distância do Círculo Mágico e ter noventa centímetros de diâmetro. (Ver *Figura A*) Observa que este triângulo deve ficar voltado para o quadrante a que o Espírito pertence. A base do triângulo deve ficar mais perto do Círculo, o ápice apontando na direção do quadrante do Espírito. Na tua operação, observa tu também a Lua, como foi dito antes etc. Às vezes, Anaphaxeton é escrito Anepheneton.

O Hexagrama de Salomão

ESTA é a Forma do Hexagrama de Salomão (Ver *Figura B*), a figura que deve ser feita em pergaminho de pele de bezerro, usada na aba da tua veste branca, e coberta com um tecido de fino linho branco e puro, e que deve ser mostrado para os Espíritos quando aparecerem, de modo que sejam compelidos a assumir uma forma humana e a serem obedientes.

---

72. Pede-se que o leitor desculpe, por favor, as irregularidades de grafia, pontuação e gramática no texto. Elas são características do texto original e foram integralmente conservadas.

Figura B.
O Hexagrama de Salomão.

O Pentagrama de Salomão

Figura C.
O Pentagrama de Salomão.

ESTA é a Forma do Pentagrama de Salomão (Ver *Figura C*), figura que deve ser feita de Sol ou Luna (Ouro ou Prata) e usada sobre o peito, devendo ter do outro lado o selo do Espírito. É para te preservar do perigo, mas também para comandar os Espíritos.

O Anel ou Disco Mágico de Salomão

Figura D.
O Anel ou Disco Mágico de Salomão.

ESTA é a forma do Anel Mágico, ou Disco, de Salomão (Ver *Figura D*), figura que deve ser feita de ouro e prata. Ela deve ser mantida diante do rosto do exorcista para preservá-lo da fumaça fétida e da respiração flamejante dos Espíritos Maus.

O Vaso de Cobre

Figura E.
O Vaso de Cobre.

ESTA é a Forma do Vaso de Cobre onde o Rei Salomão prendia os Maus Espíritos etc. (Ver *Figura E*).

O Selo Secreto de Salomão

Figura F.
O Selo Secreto de Salomão.

ESTA é a Forma do Selo Secreto de Salomão (Ver *Figura F*), com que ele vedava e selava os mencionados Espíritos com as suas legiões no Vaso de Cobre.

Este selo deve ser feito por alguém que esteja limpo por dentro e por fora, e que não tenha sido maculado por mulher alguma no espaço de um mês, mas que tenha rezado e jejuado, desejando que Deus lhe perdoe todos os pecados, etc.

Ele deve ser feito no dia de Marte ou Saturno (terça-feira ou sábado) à noite às 12 horas, e escrito em pergaminho virgem com o sangue de um galo negro que nunca cobriu uma galinha. Observa que nessa noite a lua deve estar aumentando em luz (ou seja, indo de nova para cheia) e no Signo Zodiacal de Virgem. E quando o selo estiver pronto, deves perfumá-lo com alume, uvas secas ao sol, tâmaras, cedro e linaloes.

E também, com este selo, o Rei Salomão obrigava todos os Espíritos mencionados a entrar no Vaso de Cobre e o selava com este mesmo selo. Com isso, ele ganhava o amor de todos os tipos de pessoas e vencia em batalha, já que nem as armas, nem o fogo e nem a água podiam feri-lo. E este selo particular era feito para tampar a boca do vaso etc.

Os outros requisitos mágicos

OS outros requisitos mágicos são: um cetro, uma espada, uma mitra, um capelo, uma longa veste branca de linho e outras peças de vestuário para essa finalidade;[73] além disso, um cinto de pele de leão com sete centímetros e meio de largura e que tenha escrito, em todo o seu comprimento, os nomes que contornam o Círculo Mágico. Além disso, perfumes, um rescaldeiro com carvão ardente onde pôr os incensos, para fumegar e perfumar o lugar apontado para a ação; também óleo para untar os teus templos e os teus olhos; água límpida para te lavares. E ao fazê-lo, deves dizer como Davi:

---

73. Em muitos códices está escrito "um cetro ou espada, uma mitra ou capelo". "Outras peças de vestuário" indicaria não apenas peças de baixo, mas também mantos de diferentes cores.

A adoração no banho

"TU me purificarás com o hissope, Ó Senhor, e eu ficarei limpo: tu me lavará e eu ficarei mais branco do que a neve."

E enquanto te vestes, deves dizer:

A adoração ao vestir os paramentos

"PELO mistério figurativo destas vestes sagradas (ou desta vestimenta sagrada), eu em cobrirei com a armadura da salvação na força do Altíssimo, ANCOR, AMACOR, AMIDES, TEODINIAS, ANITOR. Que o fim desejado possa ser efetuado mediante a Tua força, Ó ADONAI! a Quem o louvor e a glória para sempre pertencerão! Amém!"

Depois de assim ter feito, dirige preces a Deus de acordo com o teu trabalho, como Salomão ordenou.

As conjurações

A conjuração para invocar qualquer um dos supracitados espíritos

EU te invoco e conjuro, Ó Espírito N.,[74] e estando armado de poder pela SUPREMA MAJESTADE, eu te comando firmemente, por BERALE-NENSIS, BALDACHIENSIS, PAUMACHIA e APOLOGIAE SEDES; pelos mais Poderosos Príncipes, Gênios, Liachidae e Ministros da Morada Tartárica; e pelo Alto Príncipe do Trono de Apologia na Nona Legião, eu te invoco e, invocando conjuro-te. E estando armado de poder pela SUPREMA MAJESTADE, eu te comando firmemente, por Ele Que falou e foi feito, e ao qual todas as criaturas obedecem. Também eu, sendo feito à imagem de DEUS, dotado de poder de Deus e criado de acordo com a Sua vontade, te exorcizo pelo nome mais poderoso de DEUS, EL, forte e maravilhoso, Ó Espírito N. E eu te comando, e Ele, que disse a Palavra e assim foi feito, e por todos os nomes de DEUS. Também pelos nomes ADONAI, EL, ELO-

---

74. Inserir aqui o nome do Espírito que se deseja invocar. Em alguns Códices, há leves variações na maneira de enunciar as conjurações, mas não suficientes para alterar o sentido, por exemplo, "morada tartárica" ou "sede tartárica" etc.

HIM, ELOHI, EHYEH, ASHER EHYEH, ZABAOTH, ELION, IAH, TETRAGRAMMATON, SHADDAI, SENHOR DEUS ALTÍSSIMO, eu te exorcizo e com força ordeno, Ó Espírito N., que apareças para mim diante deste Círculo, numa bela forma humana, sem deformidades nem tortuosidades. E por esse nome inefável, TETRAGRAMMATON IEHOVAH, eu te ordeno, um nome que quando é ouvido os elementos se subvertem, o ar sacode, o mar recua, o fogo se debela, a terra treme e todas as legiões dos celestiais, terrestres e infernais também tremem, e ficam perturbados e confusos. Venha então, Ó Espírito N., sem demora, de qualquer ou de todas as partes do mundo onde possas estar, e dá respostas racionais para todas as coisas que eu te pedir. Venha de maneira pacífica, visível e afável, agora, sem demora, manifestando aquilo que eu desejar. Pois tu foste conjurado pelo nome do DEUS VIVO E VERDADEIRO, HELIOREN, e por isso cumpre as minhas ordens, e persiste nisso até o fim, e de acordo com o meu interesse, visivelmente e afavelmente falando comigo com uma voz clara e inteligível, sem ambiguidade.

REPETE essa conjuração quantas vezes quiseres e, se mesmo assim o Espírito não vier, faz o seguinte:

A segunda conjuração

EU te invoco, conjuro e ordeno, Ó Espírito N., que apareças e que te mostres visível para mim diante deste Círculo em forma decente, sem qualquer deformidade nem tortuosidade; pelo nome e no nome IAH e VAU, que Adão ouviu e falou; e pelo nome de DEUS, AGLA, que Ló ouviu e foi salvo com a sua família; e pelo nome IOTH, que Jacó ouviu do anjo que lutava com ele, e foi salvo da mão de Esaú, seu irmão; e pelo nome ANAPHAXETON,[75] que Aarão ouviu e falou e se tornou mais sábio; e pelo nome ZABAOTH,[76] que Moisés chamou e todos os rios se transformaram em sangue; e pelo nome ASHER EHYEH ORISTON, que Moisés chamou, e todos os rios produziram rãs, e invadiram as casas, destruindo todas as coi-

---

75. Ou "Anapezeton".
76. Ou "Tzbaoth".

sas; e pelo nome ELION, que Moisés chamou e houve grande chuva de granizo, como não havia desde o começo do mundo; e pelo nome ADONAI, que Moisés chamou e vieram gafanhotos, que apareceram sobre todas as terras, e devoraram tudo o que o granizo tinha deixado; e pelo nome SCHEMA AMATIA que Josué invocou e o sol parou no seu curso; e pelo nome ALFA E ÔMEGA, que Daniel chamou e destruiu Bel e matou o dragão; e no nome EMANUEL, que as três crianças, Sadraque, Mesaque e Abede-Nego cantaram em meio ao fogo e foram salvas; e pelo nome HAGIOS; e pelo SELO[77] DE ADONI; e por ISCHYROS, ATHANATOS, PARACLETOS; e por O THEOS, ICTROS, ATHANATOS; e por estes três nomes secretos, AGLA, ON e TETRAGRAMMATON, EU te adjuro e obrigo. E por esses nomes e por todos os outros nomes do DEUS VIVO e VERDADEIRO, O SENHOR TODO PODEROSO, EU te exorcizo e te ordeno, Ó Espírito N., até por Ele que disse a Palavra e assim foi feito, e a Quem todas as criaturas obedecem; e pelos terríveis julgamentos de DEUS; e pelo incerto Mar de Vidro, que está diante da DIVINA MAJESTADE, forte e poderosa; pelas quatro bestas diante do trono, com olhos na frente e atrás; pelo fogo à volta do trono; pelos santos anjos do Céu; e pela poderosa sabedoria de DEUS; EU fortemente te exorcizo, que apareças aqui diante deste Círculo, para satisfazer a minha vontade em todas as coisas que pareçam boas para mim; pelo Selo de BASDATHEA BALDACHIA; e pelo nome PRIMEUMATON, que Moisés chamou e a terra se abriu e engoliu Kora, Dathan e Abiram. Assim, que tuas respostas sejam verídicas para todos os meus pedidos, Ó Espírito N., e que realizes todos os meus desejos na medida em que sejas capaz na tua função. Portanto, que tu venhas, de forma visível, pacífica e afável, sem demora, para manifestar aquilo que EU desejo, falando com voz clara e perfeita, inteligivelmente, e para a minha compreensão.

SE ELE não vier ainda, com a repetição dessas duas primeiras conjurações (mas sem dúvida virá), diz como se segue, sendo isso uma constrição.

---

77. Em alguns textos "Pelo Assento de Adonai" ou "Pelo Trono de Adonai". Nessa conjuração e em outros pontos do texto, transcrevi da melhor forma possível os nomes divinos.

A constrição

EU te conjuro, Ó tu Espírito N., pelos nomes mais gloriosos e eficazes do MAIOR E MAIS INCOMPREENSÍVEL SENHOR DEUS DOS EXÉRCITOS, que venhas rapidamente e sem demora de todas as partes e lugares da terra e do mundo em que possas estar, para dar respostas racionais aos meus pedidos, e falando de maneira afável e visível com uma voz inteligível para a minha compreensão, como foi mencionado. Eu te conjuro e obrigo, Ó Espírito N., por todos os nomes mencionados; e mais estes sete grandes nomes, pelos quais Salomão o Sábio te prendeu e aos teus companheiros num Vaso de Cobre, ADONAI, PREYAI ou PRERAI, TETRAGRAMMATON, ANAPHAXETON ou ANEPHENETON, INESSENFATOAL ou INESSENFATALL, PATHTUMON ou PATHATUMON e ITEMON; que tu apareças, aqui diante deste Círculo para realizar a minha vontade em todas as coisas que pareçam boas para mim. E se fores mesmo assim desobediente e te recusares a vir, EU vou, no poder e pelo poder do nome do SUPREMO E ETERNO SENHOR DEUS Que criou a ti e a mim e o mundo inteiro em seis dias, e o que está contido nele, EIE, SARAYÉ, e pelo poder desse nome, PRIMEUMATON, que comanda todas as legiões do Céu, te amaldiçoar e privar-te da tua função, alegria e lugar, e prender-te nas profundezas da fossa ou abismo sem fundo, para que ali permaneças até o Dia do Último Juízo. E EU vou prender-te no Fogo Eterno, no Lago de Chama e Enxofre, a menos que venhas rapidamente e apareças aqui diante deste Círculo para fazer a minha vontade. Portanto, que tu venhas! pelos santos nomes ADONAI, ZABAOTH, ADONAI, AMIORAN. Vem! pois é ADONAI que te ordena.

SE TU chegaste até aqui, e mesmo assim ele não apareceu, podes estar certo de que foi mandado para algum outro lugar pelo Rei dele e não pode vir; se for assim, invoque o Rei como se segue, para que o envie. Mas se mesmo assim ele não vier, pode estar certo de que está acorrentado no inferno, e que não está sob a guarda do seu Rei. Se for assim, e se você ainda tiver o desejo de chamá-lo mesmo de lá, pode dizer a maldição geral que é chamada Corrente do Espírito.

Segue-se, então, a Invocação do Rei:[78]

A invocação do Rei

Ó TU, grande e poderoso Rei AMAIMON, que exerces o controle, pelo poder do SUPREMO DEUS EL, sobre todos os espíritos superiores e inferiores das Ordens Infernais no Domínio do Oriente; EU te invoco e comando pelo especial e verdadeiro nome de DEUS; e pelo Deus que Tu adoras; e pelo Selo da tua criação; e pelo mais poderoso nome de DEUS, IEHOVAH TETRAGRAMMATON, que te expulsou do céu com todos os outros espíritos infernais; e por todos os mais poderosos e maiores nomes de DEUS, que criou o Céu, e a Terra, e o Inferno e todas as coisas neles contidas; e pelo poder e virtude; e pelo nome de PRIMEUMATON, que comanda todas as legiões do Céu; que tu possas induzir, forçar e compelir o Espírito N. a vir a mim aqui diante deste Círculo numa forma decente, sem dano para mim ou para qualquer outra criatura, para responder verdadeiramente e fielmente a todos os meus pedidos; de modo que EU possa realizar a minha vontade e desejo, sabendo ou obtendo qualquer resultado ou coisa que pela função tu sabes ser adequado para ele realizar ou conseguir, mediante o poder de DEUS, EL, Que criou e dispôs de todas as coisas celestiais, aéreas, terrestres e infernais.

DEPOIS de ter invocado o Rei dessa maneira, duas ou três vezes, conjura então o espírito que pretendias invocar com as conjurações acima, repetindo-as várias vezes juntas, e ele virá sem dúvida, mesmo que não seja da primeira ou da segunda vez. Mas se ele não vier, acrescenta a "Corrente dos Espíritos" ao final das mencionadas conjurações, e ele será forçado a vir, mesmo que esteja acorrentado, pois as correntes têm que se romper para ele, e ele estará em liberdade.

---

78. Vai depender do quadrante a que o Espírito é atribuído qual dos quatro reis principais deve ser invocado.

A maldição geral, chamada corrente dos espíritos, contra todos os espíritos que se rebelam

Ó TU, malvado e desobediente Espírito N., porque te rebelastes e não obedecestes nem consideraste as palavras que eu recitei; sendo elas todas gloriosos e incompreensíveis nomes do verdadeiro DEUS, o teu e o meu criador, e de todo o mundo; pelo poder desses nomes, aos quais nenhuma criatura consegue resistir, EU te amaldiçoo mandando-te para a profundeza do Abismo Insondável, para lá permanecer até o Dia do Juízo acorrentado, no fogo e no enxofre inextinguíveis, a menos que tu apareças incontinenti aqui, diante deste Círculo, neste triângulo, para fazer a minha vontade. E, portanto, vem tu rapidamente e em paz, pelos nomes de DEUS, ADONAI, ZABAOTH, ADONAI, AMIORAN; vem tu! vem tu! porque é o Rei dos Reis, Adonai mesmo, que te ordena.

SE chegares até aqui, mas mesmo assim ele não vier, escreve então seu selo em pergaminho e ponha-o numa forte caixa preta;[79] com enxofre, assafétida e outras coisas com cheiro forte; e então fecha e amarra a caixa com um arame de ferro, bate-a na ponta da espada e segura-a sobre fogo ou carvão. E diz o que se segue primeiro sobre o fogo, voltado este para o quadrante de onde o Espírito deve vir:

A conjuração do fogo

EU te CONJURO, Ó fogo, por meio dele que fez a ti e a todas as outras criaturas para o bem no mundo, que atormentes, queimes e consumas este Espírito N., pela eternidade. EU te condeno, Espírito N., porque és desobediente e não obedeces ao meu comando e nem guardas os preceitos do SENHOR TEU DEUS, nem obedeces a mim nem às minha invocações, tendo EU te chamado, EU, que sou o servo do ALTÍSSIMO E IMPERIAL SENHOR DEUS DOS EXÉRCITOS, IEHOVAH, EU que sou dignificado e fortalecido pela Sua permissão e poder celestial, e mesmo assim tu não vens responder às minhas proposições aqui feitas para ti. Por essa tua contrariedade e desrespeito tu és culpado de grande desobediência e rebelião

---

79. Essa caixa deve ser de metal ou outro material que não pegue fogo com facilidade.

e assim tenho EU que te excomungar e destruir o teu nome e o teu selo, que tenho trancado nesta caixa; e te queimarei no fogo imortal e te enterrarei no esquecimento imortal, a menos que venhas imediatamente e apareças de modo afável e visível, amistoso e cortês, aqui para mim diante deste Círculo, neste triângulo, numa forma decente, e não de modo terrível, danoso ou assustador para mim ou para qualquer outra criatura na face da terra. E tu deves dar respostas racionais às minhas perguntas, e realizar todos os meus desejos em todas as coisas, que EU venha a te fazer.

E se ele não viver mesmo assim, fala então o que se segue:

A maldição Maior[80]

AGORA, Ó tu, Espírito N., como tu és ainda pernicioso e desobediente, e não apareces diante de mim para responder a tais coisas, como eu desejaria de ti, ou com que ficaria satisfeito; em nome e pelo poder e dignidade do Onipresente e Imortal Senhor Deus dos Exércitos IEHOVAH TETRAGRAMMATON, o único criador do Céu, Terra e Inferno e de tudo o que aí há, que é o maravilhoso Distribuidor de todas as coisas visíveis e invisíveis, EU te amaldiçoo e te privo da tua função, alegria e lugar; e te prendo nas profundezas do Abismo Insondável, para que lá permaneças até o Dia do Juízo, digo no Lago de Fogo e Enxofre, que está preparado para todos os espíritos rebeldes, desobedientes, obstinados e perniciosos. Que toda a companhia dos Céus te amaldiçoe! Que o sol, a lua e todas as estrelas te amaldiçoem! Que a LUZ e todas as legiões Celestes te amaldiçoem e te lancem ao fogo inextinguível e a tormentos indescritíveis. E assim como o teu nome e o teu selo contidos nesta caixa acorrentada e amarrada serão mantidos em substâncias sulfurosas e malcheirosas, e queimados neste fogo material; assim no nome IEHOVAH e pelo poder e dignidade desses três nomes, TETRAGRAMMATON, ANAPHAXETON e PRIMEUMATON, EU te lanço, Ó mau e desobediente Espírito N., no Lago de Fogo que está preparado para espíritos condenados e amaldiçoados, para que lá fiques até o

---

80. Em alguns códices, o nome é apenas "a Maldição"; mas em um ou dois a "Corrente de Espíritos" é denominada "Maldição Menor" e esta "Maldição Maior".

dia do juízo, e nunca mais sejas lembrado diante da face de DEUS, que virá para julgar os vivos, os mortos e o mundo pelo fogo.

ENTÃO, o exorcista deve pôr a caixa no fogo e logo o Espírito virá, mas, assim que ele vier, apaga o fogo em que está a caixa e prepara um doce perfume, e dá a ele as boas-vindas e hospitalidade gentil, mostrando-lhe o Pentagrama que há na barra da tua veste coberto por um tecido de linho, dizendo:

O discurso para o espírito à sua chegada

OLHA SÓ o teu embaraço se te recusas a seres obediente! Olha o Pentagrama de Salomão que eu trouxe aqui à tua presença! Olha a pessoa do exorcista em meio ao exorcismo; ele que é armado por DEUS e sem medo; ele que potentemente te invocou e que te fez aparecer; até ele, teu mestre, que é chamado OCTINOMOS. Por isso dá respostas racionais às minhas perguntas e prepara-te para ser obediente para o teu mestre em nome do Senhor:

Bathal ou Vathat Apressa-te por Abrac! Abeor Venha Até Aberer![81]

ENTÃO, ele será obediente e te convida a pedir o que quiseres porque foi submetido por Deus de modo a realizar os teus desejos e comandos. E quando ele tiver aparecido e se mostrado humilde e manso, então deves dizer o seguinte:

As boas-vindas ao espírito

BEM-VINDO, Espírito N., Ó mais nobre rei[82] (ou reis)! Digo que és bem-vindo a mim porque EU te chamei por intermédio Dele que criou o Céu, a Terra e o Inferno, e tudo o que neles está contido, e também porque

---

81. Em latim, *"Bathal vel Vathat super Abrac ruens! Absor veniens super Aberer!"* {Assim, não se trata de nomes de Deus o Incomensurável, pois seria então "ruentis", "venientis".}
82. Ou seja qual for a sua distinção.

obedecestes. Por esse mesmo poder pelo qual te chamei, EU te retenho, para que permaneças de modo afável e visível aqui diante deste Círculo (ou diante deste Círculo e neste triângulo) com constância e pelo tempo que EU tiver motivo para a tua presença; e para que não partas sem a minha licença, até que tenhas realizado devidamente a minha vontade, com fidelidade e sem falsidade.

ENTÃO, de pé no meio do Círculo, deves estender a mão num gesto de comando e dizer:

"PELO PENTAGRAMA DE SALOMÃO EU TE CHAMEI! DÁ-ME UMA RESPOSTA VERDADEIRA."

Então, que o exorcista exponha seus desejos e pedidos.

E quando a invocação acabar, deves dar ao Espírito licença para partir:

A licença para partir

Ó TU, Espírito N., porque tu atendeste às minhas exigências e estiveste pronto e disposto a vir ao meu chamado, EU aqui te dou licença para partir para o lugar que te é próprio; sem causar dano ou perigo para nenhum homem ou besta. Parta, então, EU digo, e esteja muito disposto a atender ao meu chamado, sendo devidamente exorcizado e conjurado pelos ritos sagrados da magia. EU te ordeno que te afastes de modo pacífico e silencioso, e que a paz de DEUS continue para sempre entre mim e ti. AMÉM.

DEPOIS de ter dado ao Espírito licença para partir, não deves sair do círculo até que ele se vá e que tu tenhas feito preces e agradecido a Deus pelas grandes bênçãos que Ele te concedeu atendendo aos teus desejos e livrando-te de toda a malícia do inimigo, o diabo.

Observa também! Tu podes obrigar esses espíritos a entrar no Vaso de Cobre, do mesmo modo que no triângulo, dizendo: "que tu pareças sem demora diante deste Círculo, neste Vaso de Cobre, numa forma decente", etc., como foi mostrado nas conjurações precedentes.

ESTES são os 72 Reis e Príncipes Poderosos que o Rei Salomão obrigou a entrar num Vaso de Cobre, juntamente com as suas legiões. Deles, BELIAL, BILETH, ASMODAY E GAAP eram os mais importantes. Deve-se observar que Salomão fez isso por orgulho, pois nunca declarou outra razão para tê-los prendido desse jeito. E depois de prendê-los e selar o Vaso, lançou-os por Poder Divino num profundo Lago ou Buraco na Babilônia. E os da Babilônia, espantados ao ver tal coisa, entraram totalmente no Lago, para quebrar o Vaso, esperando encontrar lá dentro um grande Tesouro. Mas quando o quebraram e ele se abriu, saíram para fora imediatamente os Espíritos, com suas Legiões seguindo-os; e foram todos restituídos aos seus antigos lugares, exceto BELIAL, que entrou numa certa Imagem, e dali dava respostas para os que ofereciam Sacrifícios a ele, e adoravam a Imagem como seu Deus etc.

Shemhamphorash

O Selo de Bael

(1) Bael – O Primeiro Espírito é um Rei que governa no Oriente, chamado Bael. Ele faz com que te tornes Invisível. Reina sobre 66 Legiões de Espíritos Infernais. Aparece em diversas formas, às vezes como Gato, às vezes como Sapo e às vezes como Homem, e às vezes em todas essas formas ao mesmo tempo. Fala roucamente. Essa é a sua marca, que deves usar como um Lamen (Medalhão) na frente do corpo, ou ele não te mostrará Respeito.

O Selo de Agares

(2) Agares – O Segundo Espírito é um Duque chamado Agreas ou Agares. Está sob o Poder do Oriente e vem na forma de um velho montado num Crocodilo, trazendo no braço um Milhafre, mas ainda assim de aparência suave. Faz correr o que estão parados e traz de volta os fugidos. Ensina todas as Línguas presentemente. Tem também poder para destruir Dignidades Espirituais e Seculares, e provocar Terremotos. Foi da Ordem das Virtudes. Tem sob o seu governo 31 Legiões de Espíritos. E este é o Selo ou Marca que deves usar como um Lamen.

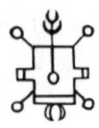

O Selo de Vassago

(3) Vassago – O Terceiro Espírito é um Poderoso Príncipe, que é da mesma natureza de Agares. Chama-se Vassago. É um Espírito de Boa Natureza e a sua função é declarar coisas Passadas e por Vir, e descobrir todas as coisas Ocultas ou Perdidas. Comanda 26 Legiões de Espíritos e esse é o seu selo.

O Selo de Samigina

(4) Samigina, ou Gamigin – O Quarto Espírito é Samigina, um Grande Marquês. Aparece na forma de um Burro ou Cavalo pequeno e então assume forma Humana a pedido do seu Mestre. Fala com voz rouca. Governa sobre 30 legiões de Inferiores. Ensina todas as Ciências Liberais e presta contas das Almas dos Mortos que morreram em pecado. O seu Selo é esse, que deve ser usado como um Lamen pelo Mago quando estiver Invocando etc.

O Selo de Marbas

(5) Marbas – O Quinto Espírito é Marbas. É um Grande Presidente e aparece primeiro na forma de um Grande Leão, mas depois, a pedido do Mestre, assume Forma Humana. Responde com precisão sobre coisas Ocultas e Secretas. Causa e cura Doenças. Mas oferece grande Sabedoria e Conhecimento em Artes Mecânicas e pode dar outras formas aos homens. Governa 36 Legiões de Espíritos. E o seu Selo é esse, que deve ser usado como foi dito acima.

O Selo de Valefor

(6) Valefor – O Sexto Espírito é Valefor. É um poderoso Duque e aparece na forma de um Leão com Cabeça de Burro, urrando. É um bom Espírito Familiar, mas, tentado, ele rouba. Governa 10 Legiões de Espíritos. O seu Selo é esse, que deve ser usado, quer tu o tenhas como Espírito Familiar ou não.

O Selo de Amon

(7) Amon – O Sétimo Espírito é Amon. É um Marquês de grande poder e muito severo. Aparece como um Lobo com cauda de Serpente, cuspindo fogo pela boca. Mas, ao comando do Mago, assume a forma de um Homem com dentes de Cachorro incrustados numa cabeça como a de um Corvo, ou senão como um Homem com cabeça de Corvo. Revela todas as coisas Passadas e por Vir. Media cisões e reconcilia controvérsias entre amigos. Governa 40 Legiões de Espíritos. Seu Selo é esse, que deve ser usado como foi dito acima etc.

O Selo de Barbatos

(8) Barbatos – O Oitavo Espírito é Barbatos. É um Grande Duque e aparece quando o Sol está em Sagitário, com quatro nobres Reis e suas companhias de grandes tropas. Transmite a compreensão do cantar dos Pássaros e das Vozes de outras criaturas, como o ladrar dos Cães. Abre Tesouros Escondidos que foram ocultos pelo encantamento dos Magos. É da Ordem das Virtudes, das quais reteve uma parte. Conhece todas as coisas Passadas e por Vir, concilia Amigos e aqueles que estão no Poder. Comanda 30 Legiões de Espíritos. É esse o seu Selo de Obediência, que deves usar como foi dito acima.

O Selo de Paimon

(9) Paimon – O Nono Espírito nessa Ordem é Paimon, um Grande Rei, muito obediente a LÚCIFER. Aparece na forma de um Homem sentado num Dromedário com uma Coroa gloriosa na cabeça. É precedido por uma Legião de Espíritos, como Homens com Trombetas e Címbalos sonantes e todos os tipos de outros Instrumentos Musicais. Tem uma Voz poderosa e urra logo que chega, e a sua fala é tal que o Mago não consegue entender a menos que consiga dominá-lo. Esse Espírito pode ensinar todas as Artes e Ciências, e outras coisas secretas. Pode descobrir para ti o que é a Terra e o que a mantém acima das Águas; e o que é a Mente e onde ela está; ou qualquer outra coisa que queiras saber. Confere Distinção e a confirma. Mantém qualquer homem submisso ao Mago, se este assim o desejar. Concede bons Espíritos Familiares, tais que podem ensinar todas as Artes. Deve ser aguardado na direção do Ocidente. É da Ordem das Dominações. Tem sob o seu comando 200 Legiões de Espíritos, parte da Ordem dos Anjos e a outra parte dos Potentados. Agora, se chamares o Espírito Paimon sozinho, tens que lhe fazer alguma oferenda; estarão a seu serviço dois Reis chamados LABAL e ABALIM e também outros Espíritos, da Ordem dos Potentados, além de 25 Legiões. Esses Espíritos que lhe são sujeitos não estão sempre com ele, a menos que o Mago assim ordene. A sua Marca é essa, que deves usar como um Lamen na frente do corpo etc.

O Selo de Buer

(10) Buer – O Décimo Espírito é Buer, um Grande Presidente. Aparece em Sagitário e essa é a sua forma quando o sol está nessa casa. Ensina Filosofia, Moral e Natural, e a Arte lógica, além das Virtudes de todas as Ervas e Plantas. Cura todas as indisposições do homem e lhe concede bons Espíritos Familiares. Governa 50 Legiões de Espíritos e a sua Marca de obediência é essa, que deves usar quando o chamares para se apresentar.

O Selo de Gusion

(11) Gusion – O Décimo Primeiro Espírito na ordem é um grande e forte Duque, chamado Gusion. Aparece com um Xenopilus. Revela todas as coisas, Passadas, Presentes e por Vir, e mostra o significado e a resolução de todas as perguntas que possas fazer. Concilia e reconcilia amizades e concede Honra e Distinção para quem for. Governa 40 Legiões de Espíritos. O seu Selo é esse, que deves usar como foi dito acima.

O Selo de Sitri

(12) Sitri – O Décimo Segundo Espírito é Sitri. É um Grande Príncipe e aparece com cabeça de Leopardo e asas de Grifo, mas, ao comando do Mestre do Exorcismo, assume forma Humana, aliás muito bela. Inflama os Homens com o amor das Mulheres e as Mulheres com amor dos Homens, e faz com que se mostrem nus se isso for desejado. Governa 60 Legiões de Espíritos. O seu Selo é esse, que deves usar como um Lamen etc.

O Selo de Beleth

(13) Beleth – O Décimo Terceiro Espírito é chamado Beleth (ou Bileth, ou Bilet). É um poderoso e terrível Rei. Cavalga um cavalo pardo, precedido por tocadores de trombetas e outros tipos de instrumentos musicais. Vem furioso logo que aparece, ou seja, enquanto o Exorcista aplaca a sua coragem. Para isso, tem que segurar na mão uma Vara de Aveleira e brandi-la em direção aos Quadrantes Sul e Leste, fazer um triângulo Δ, sem o Círculo, e então obrigá-lo a entrar nele por meio das Obrigações e Encargos dos Espíritos, como se segue. E se ele não entrar no triângulo, Δ, diante das tuas ameaças, recita as Obrigações e Feitiços diante dele, que então obedecerá e entrará no triângulo, e fará o que mandar o Exorcista. No entanto, este tem que recebê-lo cortesmente porque ele é um Grande Rei, e prestar-lhe homenagem, como fazem os Reis e Príncipes que o escoltam. E tu tens sempre um Anel de Prata no dedo médio da mão esquerda erguida diante do rosto, como se faz diante de AMAYMON. Esse Grande Rei Beleth provoca todo o amor que pode haver, tanto em Homens quanto em Mulheres, até que o Mestre Exorcista tenha o seu desejo satisfeito. Ele é da Ordem dos Poderes e governa 85 Legiões de Espíritos. Seu Nobre Selo é esse, que deves usar na frente do corpo durante a operação.

O Selo de Leraje

(14) Leraje, ou Leraikka – O Décimo Quarto Espírito é chamado Leraje (ou Leraie). É um Marquês Grande em Poder, que se mostra com a aparência de um Arqueiro vestido de Verde, trazendo um Arco e uma Aljava. Ele causa todas as grandes Batalhas e Disputas e faz com que se putrefaçam as feridas feitas com Flechas por Arqueiros. Pertence a Sagitário. Governa 30 Legiões de Espíritos e esse é o seu Selo etc.

O Selo de Eligos

(15) Eligos – O Décimo Quinto Espírito na Ordem é Eligos, um Grande Duque, que aparece na forma de um gracioso Cavaleiro, carregando uma Lança, uma Flâmula e uma Serpente. Descobre coisas escondidas e sabe o que está por vir; e sabe das Guerras, e de como os Soldados vão ou devem se enfrentar. Provoca o Amor de Senhores e de Pessoas Importantes. Governa 60 Legiões de Espíritos. O seu Selo é esse etc.

O Selo de Zepar

(16) Zepar – O Décimo Sexto Espírito é Zepar. É um Grande Duque e aparece com Vestes Vermelhas e Armadura, como um Soldado. A sua função é fazer com que as Mulheres amem os Homens e juntá-los no amor.

Pode também torná-los estéreis. Governa 26 Legiões de Espíritos e o seu Selo é esse, a que ele obedece quando o vê.

O Selo de Botis

(17) Botis – O Décimo Sétimo Espírito é Botis, um Grande Presidente e um Conde. Aparece, logo de início, na forma de uma feia Víbora, mas, ao comando do Mago, assume forma Humana com grandes Dentes e dois Chifres, trazendo na mão uma Espada brilhante e afiada. Revela todas as coisas Passadas e por Vir e reconcilia Amigos e Inimigos. Governa 60 Legiões de Espíritos e esse é o seu Selo etc.

O Selo de Bathin

(18) Bathin – O Décimo Oitavo Espírito é Bathin. É um Duque Forte e Poderoso e aparece como um Homem Forte com cauda de Serpente, sentado sobre um Cavalo pardo. Conhece as Virtudes das Ervas e das Pedras Preciosas e pode transportar um homem de um país ao outro rapidamente. Governa 30 Legiões de Espíritos. O seu Selo é esse, que deves usar como foi dito acima.

O Selo de Sallos

(19) Sallos – O Décimo Nono Espírito é Sallos (ou Saleos). É um Grande e Poderoso Duque e aparece na forma de um galante Soldado montando um Crocodilo, com uma Coroa Ducal, mas pacificamente. Provoca o amor das Mulheres pelos Homens e dos Homens pelas Mulheres. Governa 30 Legiões de Espíritos. O seu Selo é esse etc.

O Selo de Purson

(20) Purson – O Vigésimo Espírito é Purson, um Grande Rei. Sua aparição é adequada, como um Homem com rosto de Leão, trazendo na mão uma Víbora cruel e montando um Urso. É precedido pelo som de muitas Trombetas. Conhece todas as coisas escondidas, pode descobrir Tesouros e revelar todas as coisas, Passadas, Presentes e por Vir. Pode usar um Corpo Humano ou Aéreo e responder com exatidão sobre todas as Coisas Terrenas, Secretas e Divinas, e sobre a Criação do Mundo. Concede bons Espíritos Familiares e sob o seu governo estão 22 Legiões de Espíritos, parte da Ordem das Virtudes e parte da Ordem dos Tronos. A sua Marca ou Selo é esse, ao qual deve obediência, e que deves usar durante a ação etc.

O Selo de Marax

(21) Marax – O Vigésimo Primeiro Espírito é Marax. É um Grande Conde e Presidente. Aparece como um grande Touro com rosto de Homem. Sua função é tornar os Homens versados em Astronomia e em todas as outras Ciências Liberais. Pode também conceder bons Espíritos Familiares, e sábios, que conhecem as virtudes das Ervas e Pedras que possam ser preciosas. Comanda 30 Legiões de Espíritos e o seu Selo é esse, que deve ser feito e usado como foi dito acima etc.

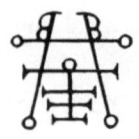

O Selo de Ipos

(22) Ipos – O Vigésimo Segundo Espírito é Ipos. É um Conde e um Poderoso Príncipe, e aparece na forma de um Anjo com Cabeça de Leão, Pés de Ganso e Cauda de Lebre. Conhece todas as coisas Passadas, Presentes e por Vir. Torna os homens argutos e corajosos. Governa 36 Legiões de Espíritos. O seu Selo é esse, que deves usar etc.

O Selo de Aim

(23) Aim – O Vigésimo Terceiro Espírito é Aim. É um Duque Forte e Poderoso. Aparece na forma de um Homem de corpo muito elegante, mas com três Cabeças: a primeira, como a de uma Serpente; a segunda, como a de um Homem com duas Estrelas na Testa; a terceira, como a de um Bezerro. Cavalga uma Víbora, trazendo na Mão um Tição, com que incendeia cidades, castelos e Lugares importantes. Ele pode te tornar arguto sob todos os aspectos e dá respostas verdadeiras em questões privadas. Governa 26 Legiões de Espíritos Inferiores e o seu Selo é esse, que deves usar como foi dito acima etc.

O Selo de Naberius

(24) Naberius – O Vigésimo Quarto Espírito é Naberius. É um Marquês muito valente e se mostra na forma de um Grou Negro, esvoaçando em torno do Círculo e, quando fala, é com voz rouca. Ele torna os homens versados em todas as Artes e Ciências, mas principalmente na Arte da Retórica. Restaura Distinções e Honras perdidas. Governa 19 Legiões de Espíritos. O seu Selo é esse, que deve ser usado etc.

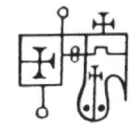

O Selo de Glasya-Labolas

(25) Glasya-Labolas – O Vigésimo Quinto Espírito é Glasya-Labolas. É um Poderoso Presidente e um Conde, e se mostra na forma de um Cachorro com Asas, como um Grifo. Ensina todas as Artes e Ciências num instante e é um Autor de Matança e Carnificina. Ensina todas as coisas Passadas e por Vir. Se desejado, ele provoca o amor tanto de Amigos quanto de Inimigos. Pode tornar um Homem Invisível. Tem sob o seu comando 36 Legiões de Espíritos. O seu Selo é esse, a ser etc.

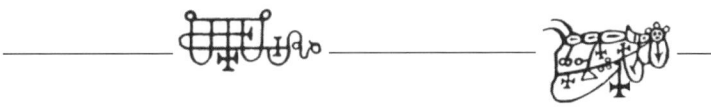

Os Selos de Bune

(26) Bune, ou Bimé – O Vigésimo Sexto Espírito é Buné (ou Bim). É um Duque muito Forte e Poderoso. Aparece na forma de um Dragão com três cabeças, uma de Cachorro, uma de Grifo e uma de Homem. Fala com Voz elevada e agradável. Muda o Lugar dos Mortos e faz com que os Espíritos subordinados a ele se reúnam sobre os seus Sepulcros. Dá Riquezas ao Homem e o torna Sábio e Eloquente. Dá respostas verdadeiras às Perguntas. E governa 30 Legiões de Espíritos. O seu Selo é esse, ao qual deve Obediência. Ele tem outro Selo (que é o primeiro deles,[83] mas o último[84] é o melhor).

---

83. Figura à esquerda.
84. Figura à direita.

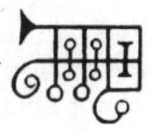

O Selo de Ronové

(27) Ronové – O Vigésimo Sétimo Espírito é Ronové. Aparece na forma de um Monstro. Ensina muito bem a Arte da Retórica e concede Bons Servos, Conhecimento de Línguas e Favores junto a Amigos e Inimigos. É Marquês e um Grande Duque e há sob o seu comando 19 Legiões de Espíritos. O seu Selo é esse etc.

O Selo de Berith

(28) Berith – O Vigésimo Oitavo Espírito, na ordem em que Salomão os prendeu, é chamado Berith. É um Duque Terrível e muito Poderoso. Tem dois outros Nomes, dados a ele por homens de épocas posteriores, a saber: BEALE, ou BEAL, e BOFRY ou BOLFRY. Aparece na forma de um Soldado com Roupas Vermelhas, cavalgando um Cavalo Vermelho e com uma Coroa de Ouro na cabeça. Dá respostas verdadeiras sobre o Passado, o Presente e o por Vir. Tens que fazer uso de um Anel ao chamá-lo, como foi dito antes a respeito de Beleth. Ele pode transformar todos os metais em Ouro. Concede Distinções e pode confirmá-las para o Homem. Fala com Voz muito clara e sutil. É um Grande Mentiroso e não se deve confiar nele. Governa 26 Legiões de Espíritos. O seu Selo é esse etc.

O Selo de Astaroth

(29) Astaroth – O Vigésimo Nono Espírito é Astaroth. É um Duque Forte e Poderoso e aparece na Forma de um Anjo danoso, cavalgando uma Besta

Infernal, como um Dragão, e tendo na mão direita uma Víbora. Não deves deixar que ele se aproxime de ti, pois poderá te fazer mal com seu Hálito Deletério. Por isso, o Mago tem que manter o Anel Mágico junto ao rosto, o que o defenderá. Ele dá respostas verdadeiras para coisas Passadas, Presentes e por Vir, e pode descobrir todos os Segredos. Contará prontamente como os Espíritos caíram, se assim for desejado, e a razão da sua própria queda. Pode tornar os homens maravilhosamente versados em todas as Ciências Liberais. Comanda 40 Legiões de Espíritos. O seu Selo é esse, que deves usar como um Lamen, ou senão ele não aparecerá e nem te obedecerá etc.

O Selo de Forneus

(30) **Forneus** – O Trigésimo Espírito é Forneus. É um Grande Marquês muito Poderoso e aparece na Forma de um Monstro Marinho. Torna os homens maravilhosamente versados na Arte da Retórica. Faz com que os homens tenham um Bom Nome e com que tenham conhecimento e compreensão das Línguas. Faz com que um homem seja amado por seus Inimigos assim como pelos Amigos. Governa 29 Legiões de Espíritos, parte da Ordem dos Tronos e parte da Ordem dos Anjos. O seu Selo é esse, que deves usar etc.

O Selo de Foras

(31) **Foras** – O Trigésimo Primeiro Espírito é Foras. É um Poderoso Presidente e aparece na Forma de um Homem Forte em Forma Humana. Dá aos Homens a compreensão das Virtudes de todas as Ervas e Pedras Preciosas. Ensina as Artes da Lógica e da Ética em todas as suas partes. Se desejado,

faz com que os homens se tornem invisíveis, tenham uma longa vida e sejam eloquentes. Pode descobrir Tesouros e recuperar coisas Perdidas. Governa 29 Legiões de Espíritos e o seu Selo é esse, que deves usar etc.

O Selo de Asmoday

(32) Asmoday – O Trigésimo Segundo Espírito é Asmoday ou Asmodai. É um Grande Rei, Forte e Poderoso. Aparece com Três Cabeças, a primeira de Touro, a segunda de Homem e a terceira de Carneiro. Tem também cauda de Serpente e de sua boca saem Labaredas. Seus Pés têm membranas como os de um Ganso. Monta um Dragão Infernal e traz na mão uma Lança com uma Flâmula. É o primeiro e o preferido sob o Poder de AMAYMON e vem na frente de todos os outros. Quando o Exorcista está disposto a chamá-lo, que o mantenha longe, que o deixe de pé e que o faça tirar o Gorro ou Ornato. Senão, AMAYMON o enganará, fazendo com que revele sem querer as suas ações. Mas logo que o Exorcista vir Asmoday na forma acima descrita, deve chamá-lo pelo seu Nome, dizendo: "Tu és Asmoday?" Ele não negará e logo se curvará até o chão. Ele concede o Anel das Virtudes, ensina as Artes de Aritmética, Astronomia, Geometria e todas as artes manuais. Dá respostas verdadeiras e completas para as tuas perguntas. Pode tornar-te Invisível. Mostra o lugar onde estão os Tesouros, que ele guarda. Das Legiões de AMAYMON, ele governa 72 Legiões de Espíritos Inferiores. O seu Selo é esse, que deves usar como um Lamen sobre o peito etc.

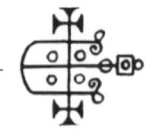

O Selo de Gäap

(33) Gäap – O Trigésimo Terceiro Espírito é Gäap. É um Grande Presidente e um Poderoso Príncipe. Aparece quando o Sol está em algum dos Signos do Sul, em Forma Humana, à frente de Quatro Grandes e Poderosos

Reis, como se fosse um Guia a conduzi-los pelo caminho. Sua Função é tornar os homens Insensíveis ou Ignorantes; como também torná-los versados em Filosofia e em todas as Ciências Liberais. Pode provocar Amor ou Ódio e também ensinar a consagrar as coisas que pertencem ao Domínio de Amaymon, seu Rei. Pode livrar Espíritos Familiares da Custódia de outros Magos e responder de maneira verdadeira e perfeita sobre coisas Passadas, Presentes e por Vir. Pode transportar homens rapidamente de um Reino ao outro, conforme a Vontade e o Prazer do Exorcista. Comanda 66 Legiões de Espíritos e foi da Ordem dos Potentados. O seu Selo é esse, que deves fazer e usar como foi dito acima etc.

O Selo de Furfur

(34) **Furfur** – O Trigésimo Quarto Espírito é Furfur. É um Grande e Poderoso Duque, que aparece na Forma de um Veado com Cauda Flamejante. Nunca fala a verdade, a menos que seja compelido a ficar dentro de um triângulo, Δ. Lá dentro, assumirá a Forma de um Anjo. Sendo convidado, fala com voz rouca. Incitará também o Amor entre um Homem e uma Mulher. Pode provocar Relâmpagos, Trovões, Ventanias e Tempestades. Quando lhe ordenam, dá Respostas Verdadeiras sobre Coisas Secretas e Divinas. Comanda 26 Legiões de Espíritos. E o seu Selo é esse etc.

O Selo de Marchosias

(35) **Marchosias** – O Trigésimo Quinto Espírito é Marchosias. É um Grande e Poderoso Marquês, que aparece primeiro na Forma de um Lobo com Asas de Grifo, Cauda de Serpente e Cuspindo Fogo pela boca. Mas depois

de um tempo, ao comando do Exorcista, assume a Forma de um Homem. É um forte lutador e foi da Ordem das Dominações. Governa 30 Legiões de Espíritos. Disse ao seu Chefe, Salomão, que tinha esperança de voltar ao Sétimo Trono, depois de 1.200 anos. E o seu Selo é esse, que deve ser feito e usado como um Lamen etc.

O Selo de Stolas

(36) Stolas, ou Stolos – O Trigésimo Sexto Espírito é Stolas, ou Stolos. É um Grande Príncipe, que aparece primeiro na Forma de um Corvo Poderoso diante do Exorcista, mas depois assume a imagem de um Homem. Ensina a Arte da Astronomia, além das Virtudes das Ervas e das Pedras Preciosas. Governa 26 Legiões de Espíritos, e o seu Selo é esse, que deves etc.

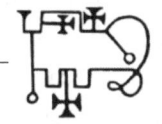

O Selo de Phenex

(37) Phenex – O Trigésimo Sétimo Espírito é Phenex (ou Pheynix). É um Grande Marquês e aparece como o Pássaro Fênix, com a Voz de uma Criança. Canta notas muito doces diante do Exorcista, que não deve levar isso em consideração, mas mandá-lo assumir uma Forma Humana. Então ele falará maravilhosamente sobre todas as Ciências, se isso lhe for pedido. É um excelente Poeta. E estará disposto a realizar os teus pedidos. Ele também tem esperança de voltar ao Sétimo Trono passados mais 1.200 anos, como disse para Salomão. Governa 20 Legiões de Espíritos. E o seu Selo é esse, que deves usar etc.

O Selo de Halphas

(38) Halphas, ou Malthus – O Trigésimo Oitavo Espírito é Halphas, ou Malthus (ou Malthas). É um Grande Conde e aparece na Forma de um Pombo Selvagem. Fala com Voz rouca. A sua Função é construir Torres e equipá-las com Munição e Armas, além de mandar Homens de Guerra para os lugares estipulados. Comanda 26 Legiões de Espíritos e o seu Selo é esse etc.

O Selo de Malphas

(39) Malphas – O Trigésimo Nono Espírito é Malphas. Aparece primeiro como um Corvo, mas depois assume Forma Humana a pedido do Exorcista e fala com Voz rouca. É um Poderoso Presidente. Constrói Casas e Altas Torres e pode trazer ao teu Conhecimento os Pensamentos e Desejos dos Inimigos, e o que fizeram. Concede bons Espíritos Familiares. Se fizeres um Sacrifício, ele o receberá com gentileza e boa vontade, mas desaponta quem o faz. Governa 40 Legiões de Espíritos e o seu Selo é esse etc.

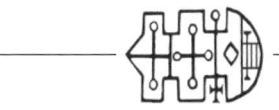

O Selo de Räum

(40) Räum – O Quadragésimo Espírito é Räum. É um Grande Conde e aparece primeiro na Forma de um Corvo, mas, ao Comando do Exorcista, assume Forma Humana. A sua função é roubar Tesouros das Casas do Rei e levá-los para onde lhe ordenarem, destruir Cidades e Distinções dos Homens e revelar todas as coisas, Passadas, que São e que Virão a Ser, além de provocar o Amor entre Amigos e Inimigos. Foi da Ordem dos Tronos. Governa 30 Legiões de Espíritos e o seu Selo é esse, que deves usar como foi dito acima.

O Selo de Focalor

(41) Focalor – O Quadragésimo Primeiro Espírito é Focalor, ou Forcalor, ou Furcalor. É um Duque Forte e Poderoso. Aparece na Forma de um Homem com Asas de Grifo. A sua função é matar os Homens e afogá-los nas Águas, além de afundar Navios de guerra, pois tem Poder sobre os Ventos e os Mares. Mas não prejudicará nenhum homem ou coisa se assim for ordenado pelo Exorcista. Ele também tem esperanças de voltar ao Sétimo Trono depois de 1.000 anos. Governa 30 Legiões de Espíritos e o seu Selo é esse etc.

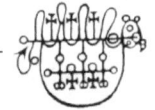

O Selo de Vepar

(42) Vepar – O Quadragésimo Segundo Espírito é Vepar, ou Vephar. É um Grande Duque, muito Forte, que aparece em forma de Sereia. A sua função é governar as Águas e guiar os Navios carregados de Armas, Couraças e Munições. E a pedido do Exorcista pode fazer com que o mar pareça tempestuoso e cheio de navios. Além disso, pode fazer com que um homem morra em Três Dias, Putrefazendo Feridas ou Chagas e fazendo que os Vermes proliferem dentro delas. Governa 29 Legiões de Espíritos e o seu Selo é esse etc.

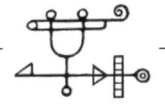

O Selo de Sabnock

(43) Sabnock – O Quadragésimo Terceiro Espírito, na ordem em que o Rei Salomão os obrigou a entrar no Vaso de Bronze, é chamado Sabnock, ou Savnok. É um Grande Marquês, Forte e Poderoso, que aparece na Forma de um Soldado Armado, com Cabeça de Leão, montando um cavalo pardo. A sua função é construir altas Torres, Castelos e Cidades, e equipá-las com Armas etc. Pode também afligir os Homens por muitos dias com Feridas e com Chagas apodrecidas e cheias de Vermes. Concede bons Espíritos Familiares ao pedido do Exorcista. Comanda 50 Legiões de Espíritos e o seu Selo é esse etc.

O Selo de Shax

(44) Shax – O Quadragésimo Quarto Espírito é Shax, ou Shaz (ou Shass). É um Grande Marquês e aparece na Forma de um Pombo Selvagem, falando com voz rouca mas sutil. Sua Função é tirar a Visão, a Audição e a Compreensão de qualquer Homem ou Mulher ao comando do Exorcista, além de roubar dinheiro das casas dos Reis e fazer isso de novo em 1.200 anos. Se o Exorcista mandar, ele lhe trará Cavalos ou qualquer outra coisa. Mas antes, o Exorcista tem que obrigá-lo a entrar num Triângulo, Δ, porque do contrário ele vai enganá-lo e lhe contar muitas Mentiras. Ele pode descobrir coisas Escondidas que estejam sem a proteção de Espíritos Maus. Às vezes, concede bons Espíritos Familiares. Governa 30 Legiões de Espíritos e o seu Selo é esse etc.

O Selo de Viné

(45) Viné – O Quadragésimo Quinto Espírito é Viné, ou Vinea. É um Grande Rei e um Conde. Aparece na Forma de um Leão, montando um Cavalo Preto e trazendo na mão uma Víbora. A sua Função é descobrir Coisas Escondidas, Bruxas, Feiticeiros e Coisas Presentes, Passadas e por Vir. Ao comando do Exorcista, construirá Torres, derrubará Grandes Muros de Pedra e agitará as Águas com Tempestades. Governa 30 Legiões de Espíritos. E o seu Selo é esse, que deves usar como foi dito acima etc.

O Selo de Bifrons

(46) Bifrons – O Quadragésimo Sexto Espírito é chamado Bifrons, Bifröus ou Bifrovs. É um Conde e aparece na Forma de um Monstro, mas, ao comando do Exorcista, assume a forma de um Homem. A sua Função é tornar os Homens versados em Astrologia, Geometria e outras Artes e Ciências. Ensina as Virtudes de Madeiras e Pedras Preciosas. Muda de lugar o Corpo dos Mortos e acende Velas aparentes sobre as Sepulturas. Tem sob o seu Comando 60 Legiões de Espíritos. O seu Selo é esse, a que ele se submeterá etc.

O Selo de Uvall

(47) Uvall, Vual ou Voval – O Quadragésimo Sétimo Espírito é Uvall, Vual ou Voval. É um Grande Duque, Forte e Poderoso, e aparece no início na Forma de um Poderoso Dromedário, mas logo, ao Comando do Exorcista, assume Forma Humana e fala na Língua Egípcia, mas não com perfeição. A sua Função é obter o Amor de Mulheres e revelar Coisas Passadas, Presentes e por Vir. Promove também a Amizade entre Amigos e Inimigos. Foi da Ordem das Potestades ou Poderes. Governa 37 Legiões de Espíritos e o seu Selo é esse, a ser feito e usado na frente do corpo etc.

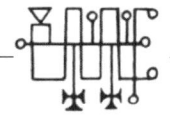

O Selo de Haagenti

(48) Haagenti – O Quadragésimo Oitavo Espírito é Haagenti. É um Presidente que aparece na Forma de um Touro Poderoso com Asas de Grifo. Isso no começo, mas depois assume Forma Humana, ao Comando do Exorcista. A sua Função é tornar os Homens sábios e instruí-los em diversas coisas. Além disso, pode Transmutar todos os Metais em Ouro, assim como transformar Vinho em Água e Água em Vinho. Governa 33 Legiões de Espíritos e o seu Selo é esse etc.

O Selo de Crocell

(49) Crocell – O Quadragésimo Nono Espírito é Crocell, ou Crokel. Aparece na Forma de um Anjo. É um Grande Duque, muito Forte, que fala de maneira um pouco Mística sobre Coisas Ocultas. Ensina a Arte da Geometria e as Ciências Liberais. Ao comando do Exorcista, produzirá Grandes Barulhos, como o da Precipitação de muitas Águas, embora não haja nada. Aquece as Águas e revela locais para Banhos. Foi da Ordem das Potestades ou Poderes antes da sua queda, como declarou ao Rei Salomão. Governa 48 Legiões de Espíritos. O seu Selo é esse, que deves usar como foi dito acima.

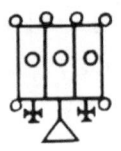

O Selo de Furcas

(50) **Furcas** – O Quinquagésimo Espírito é Furcas. É um Cavaleiro e aparece na Forma de um Velho Cruel com uma longa Barba e a Cabeça grisalha, montando um Cavalo pardo, com uma Arma Afiada na mão. A sua Função é ensinar as Artes da Filosofia, Astrologia, Retórica, Lógica, Quiromancia e Piromancia em todas as suas partes e com perfeição. Tem sob o seu Poder 20 Legiões de Espíritos. O seu Selo, ou Marca, é então feito etc.

O Selo de Balam

(51) **Balam** – O Quinquagésimo Primeiro Espírito é Balam, Balaam ou Balan. É um Grande Rei, Poderoso e Terrível. Aparece com três Cabeças: a primeira é como a de um Touro, a segunda é como a de um Homem e a terceira é como a de um Carneiro. Tem Cauda de Serpente e Olhos Flamejantes. Monta um Urso furioso e traz no braço um Milhafre. Fala com Voz rouca, dando Respostas Verdadeiras sobre Coisas Passadas, Presentes e por Vir. Faz com que os homens se tornem Invisíveis e também Argutos. Governa 40 Legiões de Espíritos. O seu Selo é esse etc.

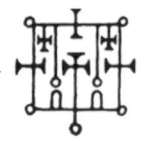

O Selo de Alloces

(52) **Alloces** – O Quinquagésimo Segundo Espírito é Alloces, ou Alocas. É um Grande Duque, Forte e Poderoso, que aparece na Forma de um Solda-

do montando um Grande Cavalo. Seu Rosto é como o de um Leão muito Vermelho e com Olhos Flamejantes. A sua Fala é rouca e forte. A sua Função é ensinar a Arte da Astronomia e todas as Ciências Liberais. Concede Bons Espíritos Familiares e comanda 36 Legiões de Espíritos. O seu Selo é esse, que etc.

O Selo de Camio

(53) Camio ou Caïm – O Quinquagésimo Terceiro Espírito é Camio ou Caïm. É um Grande Presidente e aparece na Forma de um Pássaro chamado Tordo, assumindo depois a Forma de um Homem que leva na Mão uma Espada Afiada. Parece responder por meio de Cinzas Ardentes ou Carvões em Brasa. É um Bom Argumentador. A sua Função é dar aos Homens a Compreensão do Canto de todos os Pássaros, do Mugido dos Bois, do latido dos Cães e da Voz de todas as outras Criaturas, e também da Voz das Águas. Dá Respostas Verdadeiras sobre as Coisas por Vir. Foi da Ordem dos Anjos, mas agora comanda 30 Legiões de Espíritos Infernais. O seu Selo é esse, que deves usar etc.

O Selo de Murmur

(54) Murmur, ou Murmus – O Quinquagésimo Quarto Espírito é chamado Murmur, Murmus ou Murmux. É um Grande Duque e um Conde. Aparece na Forma de um Guerreiro cavalgando um Grifo, com uma Coroa Ducal na Cabeça. É precedido por seus Ministros e pelo som de Trombetas. A sua Função é ensinar Filosofia com perfeição e obrigar as Almas dos Mortos a aparecer diante do Exorcista para que este possa lhes fazer perguntas, se assim o desejar. Foi parcialmente da Ordem dos Tronos e parcialmente da dos Anjos. Comanda agora 30 Legiões de Espíritos. E o seu Selo é esse etc.

O Selo de Orobas

(55) Orobas – O Quinquagésimo Quinto Espírito é Orobas. É um Grande e Poderoso Príncipe, que aparece como um Cavalo. Mas, ao comando do Exorcista, assume a Imagem de um Homem. A sua Função é descobrir todas as coisas Passadas, Presentes e por Vir, além de conceder Distinções, Prelazias e o Favor de Amigos e Inimigos. Dá Respostas Verdadeiras a respeito da Divindade e da Criação do Mundo. É muito fiel ao Exorcista e não permitirá que seja tentado por nenhum Espírito. Governa 20 Legiões de Espíritos. O seu Selo é esse etc.

O Selo de Gremory

(56) Gremory, ou Gamori – O Quinquagésimo Sexto Espírito é Gremory ou Gamori. É um Duque Forte e Poderoso e aparece na Forma de uma Bela Mulher com uma Coroa de Duquesa presa à cintura e montando um Grande Camelo. A sua Função é revelar todas as Coisas Passadas, Presentes e por Vir, além de Tesouros Escondidos e daquilo que os contém, e conseguir o Amor de Mulheres Jovens e Velhas. Governa 26 Legiões de Espíritos e o seu Selo é esse etc.

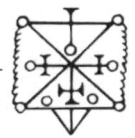

O Selo de Osé

(57) Osé ou Voso – O Quinquagésimo Sétimo Espírito é Oso, Osé ou Voso. É um Grande Presidente e aparece primeiro como um Leopardo, mas logo assume a Forma de um Homem. A sua Função é tornar os Homens peritos em Ciências Liberais e dar Respostas Verdadeiras sobre Coisas Secretas e Divinas. Além disso, pode transformar qualquer Homem, dando-lhe a Forma que o Exorcista quiser, de modo que aquele que foi transformado pense que é mesmo a Criatura ou Coisa em que foi transformado. Governa 30 Legiões de Espíritos e esse é o seu Selo etc.

O Selo de Amy

(58) Amy ou Avnas – O Quinquagésimo Oitavo Espírito é Amy ou Avnas. É um Grande Presidente e aparece primeiro na Forma de um Fogo Flamejante, assumindo depois a Forma de um Homem. A sua Função é tornar os Homens Maravilhosamente Versados em Astrologia e em todas as Ciências Liberais. Concede Bons Espíritos Familiares. Governa 36 Legiões de Espíritos e o seu Selo é esse etc.

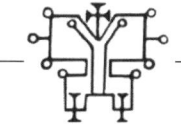

O Selo de Oriax

(59) Oriax ou Orias – O Quinquagésimo Nono Espírito é Orias ou Oriax. É um Grande Marquês e aparece na Forma de um Leão,[85] montando um

---
85. Ou "com a Face de um Leão".

Cavalo Forte e Poderoso, com Cauda de Serpente, e trazendo na Mão Direita duas Grande Serpentes sibilando. A sua Função é ensinar as Virtudes das Estrelas, as Casas dos Planetas e como compreender suas Virtudes. Transforma os Homens e concede Distinções, Prelazias e posterior Confirmação. Obtém também o Favor de Amigos e Inimigos. Governa 30 Legiões de Espíritos e o seu Selo é esse etc.

O Selo de Vapula

(60) Vapula ou Naphula – O Sexagésimo Espírito é Vapula ou Naphula. É um Grande Duque, Poderoso e Forte. Aparece na Forma de um Leão com Asas de Grifo. A sua Função é tornar os Homens Exímios em todos os Ofícios Manuais e Profissões, além de ensinar Filosofia e outras Ciências. Governa 36 Legiões de Espíritos e o seu Selo ou Marca é assim feito, e deves usá-lo como foi dito acima etc.

O Selo de Zagan

(61) Zagan – O Sexagésimo Primeiro Espírito é Zagan. É um Grande Rei e Presidente, aparecendo primeiro na Forma de um Touro com Asas de Grifo e assumindo depois Forma Humana. Torna os Homens Argutos. Pode transformar Vinho em Água, Sangue em Vinho e Água em Vinho. Pode também transformar qualquer Metal em Moeda do Domínio a que pertence aquele metal. Pode transformar os Sábios em Tolos. Governa 33 Legiões de Espíritos e o seu Selo é esse etc.

O Selo de Volac

(62) Volac, Valak, Valu ou Ualac – O Sexagésimo Segundo Espírito é Volac, Valak ou Valu. É um Grande e Poderoso Presidente e aparece como uma Criança com Asas de Anjo, cavalgando um Dragão de Duas Cabeças. A sua Função é dar Respostas Verdadeiras a respeito de Tesouros Escondidos e revelar onde há Serpentes, que trará para o Exorcista sem que este empregue Força alguma. Governa 38 Legiões de Espíritos e o seu Selo é assim.

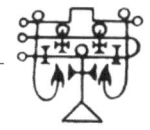

O Selo de Andras

(63) Andras – O Sexagésimo Terceiro Espírito é Andras. É um Grande Marquês que aparece na Forma de um Anjo com Cabeça de Corvo Negro como a Noite, cavalgando um forte Lobo Negro e brandindo uma Espada Brilhante e Afiada. A sua Função é semear a Discórdia. Se o Exorcista não tomar cuidado, ele poderá matá-lo, assim como aos seus companheiros. Governa 30 Legiões de Espíritos, esse é o seu Selo etc.

O Selo de Haures

(64) Haures, ou Hauras, ou Havres, ou Flauros – O Sexagésimo Quarto Espírito é Haures, Hauras, Havres ou Flauros. É um Grande Duque e aparece primeiro como um Forte, Poderoso e Terrível Leopardo, mas, ao Comando do Exorcista, assume uma Forma Humana com Olhos Flamejantes e uma Fisionomia Terrível. Dá Respostas Verdadeiras a respeito de todas as coisas Presentes, Passadas e por Vir. Mas se não for obrigado a ficar dentro do Triângulo, Mentirá sobre todas essas Coisas e Enganará o Exorcista a respeito delas, ou a respeito de outras questões. Finalmente, falará sobre a Criação do Mundo, sobre a Divindade e sobre a sua queda e a dos outros Espíritos. Pode destruir pelo fogo os Inimigos do Exorcista se este assim o desejar. Além disso, não permitirá que este seja tentado por outros Espíritos. Governa 36 Legiões de Espíritos e o seu Selo é este, a ser usado como um Lamen etc.

O Selo de Andrealphus

(65) Andrealphus – O Sexagésimo Quinto Espírito é Andrealphus. É um Poderoso Marquês que aparece primeiro na forma de um Pavão, fazendo muito Barulho. Depois de um tempo, assume Forma Humana. Pode ensinar Geometria com perfeição. Torna os Homens muito sutis nessa área e em todas as Coisas que pertencem à Mensuração e à Astronomia. Pode tornar um Homem semelhante a um Pássaro. Governa 30 Legiões de Espíritos Infernais e o seu Selo é esse etc.

O Selo de Cimejes

(66) Cimejes, Cimeies ou Kimaris – O Sexagésimo Sexto Espírito é Cimejes, Cimeies ou Kimaris. É um Grande Marquês, Forte e Poderoso, que aparece como um Guerreiro Valente montando um vistoso Cavalo Negro. Governa sobre todos os Espíritos das regiões da África. A sua Função é ensinar Gramática, Lógica e Retórica com perfeição e descobrir coisas Perdidas ou Escondidas, e Tesouros. Comanda 20 Legiões de Espíritos Infernais e o seu Selo é esse etc.

O Selo de Amdusias

(67) Amdusias – O Sexagésimo Sétimo Espírito é Amdusias ou Amdukias. É um Grande Duque, muito Forte, que aparece primeiro como um Unicórnio, mas, a pedido do Exorcista, fica diante dele em Forma Humana, fazendo soar Trombetas e todos os tipos de Instrumentos Musicais, mas não de imediato. Pode fazer com que Árvores se curvem ou se inclinem, à Vontade do Exorcista. Concede Excelentes Espíritos Familiares. Governa 29 Legiões de Espíritos. E o seu Selo é esse etc.

O Selo de Belial

(68) Belial – O Sexagésimo Oitavo Espírito é Belial. É um Rei Forte e Poderoso, criado logo depois de LÚCIFER. Aparece na Forma de dois Belos Anjos numa Carruagem de Fogo. Fala com Voz Agradável e declara que caiu primeiro, antes de Miguel e de outros Anjos Celestiais, estando entre os de mais valor. A sua Função é distribuir Indicações, Senatorias etc., e conseguir o favor de Amigos e Inimigos. Concede Excelentes Espíritos Familiares e governa 80 Legiões de Espíritos. Observa que o Exorcista deve oferecer Oferendas, Sacrifícios e Presentes ao Rei Belial, porque senão não terá Respostas Verdadeiras para as suas Perguntas. Mas então ele não se atém à verdade nem uma hora, a menos que seja obrigado pelo Poder Divino. E o seu Selo é esse, que deve ser usado como foi dito acima etc.

O Selo de Decarabia

(69) Decarabia – O Sexagésimo Nono Espírito é Decarabia. Aparece primeiro na Forma de uma Estrela num Pentagrama, mas depois, ao comando do Exorcista, assume a imagem de um Homem. A sua Função é descobrir as Virtudes dos Pássaros e das Pedras Preciosas, além de fazer com que a Imagem de todos os tipos de Pássaros voem diante do Exorcista, cantando e bebendo como fazem os Pássaros naturais. Governa 30 Legiões de Espíritos, sendo um Grande Marquês. E esse é o seu Selo, que deve ser usado etc.

O Selo de Seere

(70) Seere, Sear ou Seir – O Septuagésimo Espírito é Seere, Sear ou Seir. É um Poderoso Príncipe subordinado a AMAYMON, Rei do Oriente. Aparece na Forma de um Belo Homem, montado num Cavalo Alado. A sua Função é ir e vir, fazer com que uma abundância de coisas mude de lugar de repente, carregar e voltar a carregar qualquer coisa, para onde tu quiseres e de onde tu quiseres. Pode percorrer a Terra num piscar de olhos. Faz um relato Verdadeiro sobre todos os tipos de Roubo, Tesouros escondidos e muitas outras coisas. É de Natureza Boa e imparcial, disposto a fazer qualquer coisa que o Exorcista desejar. Governa 26 Legiões de Espíritos. E o seu Selo deve ser usado etc.

O Selo de Dantalion

(71) Dantalion – O Septuagésimo Primeiro Espírito é Dantalion. É um Grande Duque, muito Poderoso, que aparece na Forma de um Homem com muitas Feições, rostos de Homens e Mulheres. Traz um Livro na mão direita e a sua Função é ensinar todas as Artes e Ciências para qualquer um, além de revelar a Opinião Secreta de qualquer um, já que conhece os Pensamentos de Homens e Mulheres e pode modificá-los conforme a sua Vontade. Pode provocar Amor e mostrar a Imagem de qualquer pessoa, por meio de uma Visão, esteja ela em que parte do Mundo for. Governa 36 Legiões de Espíritos e esse é o seu Selo, que deve ser usado etc.

O Selo de Andromalius

(72) Andromalius – O Septuagésimo Segundo Espírito na Ordem é chamado Andromalius. É um Grande Duque, muito Poderoso, que aparece na Forma de um Homem segurando uma Grande Serpente na mão. A sua Função é trazer de volta Ladrões e todos os Bens que foram roubados, descobrir a Maldade e os Negócios Escusos, punir todos os Ladrões e outras Pessoas Ruins, descobrir Tesouros que estejam Escondidos. Comanda 36 Legiões de Espíritos. O seu Selo é esse, que deves usar como foi dito acima etc.

Observações

PRIMEIRO, deves conhecer e observar a Fase da Lua para o teu trabalho. Os melhores momentos são quando a Lua Luna tem 2, 4, 6, 8, 10, 12 ou 14 dias, como disse Salomão, sendo que nenhum outro dia é favorável. Os Selos dos 72 Reis devem ser feitos de Metais. Os Reis Principais em Sol (Ouro), Marqueses em Luna (Prata), Duques em Vênus (Cobre), Prelazias em Júpiter (Estanho), Cavaleiros em Saturno (Chumbo), Presidentes em Mercúrio (Mercúrio), Condes em Vênus (Cobre) e Luna (Prata) etc.

ESSES 72 Reis estão sob o Poder de AMAYMON, CORSON, ZIMIMAY ou ZIMINAIR e GÖAP, que são os Quatro Grandes Reis que governam nos

Quatro Quadrantes ou Pontos Cardeais,[86] ou seja: Leste, Oeste, Norte e Sul, e não são chamados, exceto em Grandes Ocasiões. Mas devem ser Invocados e Comandados para enviar tal ou tal Espírito que esteja sob o seu Poder e Controle, como é mostrado nas seguintes Invocações ou Conjurações. E os Principais Reis podem ser convocados das Nove até Meio-Dia e das Três até o Pôr do Sol; os Marqueses podem ser convocados das Três da tarde até as Nove da Noite e das Nove da Noite até o Nascer do Sol; os Duques podem ser convocados do nascer do Sol até Meio-Dia em tempo claro; os Prelados podem ser convocados a qualquer hora do Dia; os Cavaleiros da Aurora até o nascer do Sol; ou das Quatro até o Pôr do Sol; os Presidentes podem ser convocados a qualquer hora, exceto no Crepúsculo e à noite, a menos que o Rei a quem sejam subordinados seja Invocado; os Condes a qualquer hora do Dia, desde que seja num Bosque ou em qualquer outro lugar que os homens não freqüentem, ou em que não haja barulho etc.

---

86. Em geral, esses quatro Grandes Reis são denominados Oriens ou Uriens, Paymon ou Paymonia, Ariton ou Egyn e Amaymon ou Amaimon. Pelos rabinos, são geralmente intitulados: Samael, Azazel, Azäel e Mahazael.

Bibliografia

Alter, Robert. *The Art of Biblical Narrative.* Basic Books. Reedição, 1983.

Anderson, Bernhard W. *Understanding the Old Testament.* Prentice-Hall. Quarta Edição, 1997.

Barber, Malcolm. *The Trial of the Templars (Canto).* Cambridge University Press. Reedição, 1993.

Bowker, John. *The Oxford Dictionary of World Religions.* Oxford University Press. 1997.

Burton, Richard F. (trad.). *The Arabian Nights.* Modern Library. Reedição. Bennett Cerf (org.). 1997.

Cantor, Norman F. *The Sacred Chain.* Harper Perennial, 1995.

Chopra, Deepak. *How to Know God – The Soul's Journey into the Mystery of Mysteries.* Three Rivers Press, 2000.

Coil, Henry Wilson. *Coil's Masonic Encyclopedia.* Macoy Publishing. Edição Revisada. 1996.

Crowley, Aleister. *Magick, Liber ABA, Book Four.* Segunda Edição Revisada, org. por Hymenaeus Beta. Weiser Books, 1997.

_____. *The Equinox I (1).* Primavera de 1909, Londres. Reedição, Weiser Books, 2005.

DuQuette, Lon Milo. *Angeles, Demons, and Gods of the New Millennium.* Weiser Books, 2001.

_____. *The Chicken Qabalah of Rabbi Lamed Ben Clifford*. Weiser Books, 2001.

_____. *Tarot of Ceremonial Magick*. Weiser Books, 1995

_____. *My Life with the Spirits*. Weiser Books, 1999.

Eco, Umberto. *Foucault's Pendulum*. Ballantine Books. Reedição, 1990.

Friedman, Richard E. *Who Wrote the Bible*. HarperSanFrancisco, 1997.

Grun, Bernard. *The Timetables of History*. Simon & Schuster, 1991.

Hall, Manly Palmer. *The Lost Keys of Freemasonry*. Philosophical Research Society, Inc. 1996.

Helminsky, Kabir. *The House of Love. Love is a Stranger*. Shambhala Threshold Books, 1993.

Henson, Mitch. *Lemegeton: The Complete Lesser Key of Solomon*. Metatron Books, 1999.

Hutchens, Rex R. *A Bridge to Light*. Primeira Edição, publicada pela autoridade do Supremo Conselho do Trigésimo Terceiro Grau para a Jurisdição Sul dos Estados Unidos da América. 1988. Segunda edição, 1995. Última reimpressão, 1997.

Kaufmann, Yehezkel. *The Religion of Israel*. (trad. Moshe Greenberg). Shocken, 1972.

Lamsa, George M. (trad.). *The Holy Bible From Ancient Eastern Manuscripts*. Traduzido do Aramaico. Holman Company, 1967.

Mackey, Albert G. *An Encyclopedia of Freemasonry and Its Kindred Sciences Comprising the Whole Range of Arts, Sciences and Literature as Connected with the Institution*. Masonic Publishing Company, 1921. Última edição, Kessinger Publishing, 1991.

Mathers, Samuel L. (trad.) *The Goetia: The Lesser Key of Solomon the King: Clavicula Salomonis Regis, Book One*. Organização, anotações, acréscimos e introdução de Aleister Crowley. Segunda Edição Ilustrada com novas anotações de Aleister Crowley; org. por Hymenaeus Beta. Weiser Books. 1995.

Metzger, Bruce M. & Coogan, Michael David. *The Oxford Companion to the Bible*. Oxford University Press, 1993.

Pike, Albert. *Morals and Dogma of the Ancient and Accepted Scottish Rite of Freemasonry*. Primeira Edição publicada pela autoridade do Supremo Conselho do Trigésimo Terceiro Grau para a Jurisdição Sul dos Estados Unidos da América. 1871, 1906 e inúmeras reedições modernas.

Runyon, Carroll (Poke). *The Book of Solomon's Magick*. Church of the Hermetic Science, Inc. 1996.

Steckholl, Solomon. *The Temple Mount*. Tom Stacey, Ltd. 1972.

Thompson, Thomas L. *The Messiah Myth: The Near Eastern Roots of Jesus and David*. Basic Books, 2005.

_____. *Jerusalem in Ancient History and Tradition (Journal for the Study of the Old Testament Supplement Series)*. T & T. Clark Publishers, Ltd. 2004.

_____. *The Historicity of the Patriarchal Narratives: The Quest for the Historical Abraham*. Trinity Press International. 2002.

_____. *Early History of the Israelite People: From Written & Archaeological Sources*. Brill Academic Publishers. 2000.

_____. *Mythic Past, Biblical Archaeology and the Myth of Israel*. MJF Books, 1999.

_____. *The Origin Tradition of Ancient Israel: The Literary Formation of Genesis & Exodus 1-23 (Journal for the Study of the Old Testament)*. Sheffield Academic Press, 1987.

Van Seters, John. *Abraham in History and Tradition*. Yale University Press, 1987.

Wasserman, James. *The Templars and the Assassins: The Militia of Heaven*. Destiny Books, 2001.

_____. *The Egyptian Book of the Dead: The Book of Going Forth by Day*. Raymond Faulkner (trad.). Chronicle Books, 2000.

Walker, Evan Harris. *The Physics of Consciousness: The Quantum Mind and the Meaning of Life*. Perseus Publishing, 2000.